Papst Franziskus
Keine Kirche ohne Frauen

# Inhalt

## HINFÜHRUNG
*von Gudrun Sailer*

**Franziskus und die Frauen** .......................... 8
Theologische Probebohrungen ........................ 11
Frauen im Vatikan .................................. 13
Neues am vatikanischen Stadtrand ................... 17

**Frau, Kirche und Welt durch die Brille der Päpste** . 21
Pius X. bis Pius XII. ................................ 21
Johannes XXIII. .................................... 24
Paul VI. ............................................ 25
Johannes Paul I. .................................... 29
Johannes Paul II. ................................... 31
Benedikt XVI. ...................................... 36

**Die Frauen am Weg des Jorge Mario Bergoglio** .... 39
Die Großmutter: Rosa Vassallo ...................... 39
Die Mutter: Regina Maria Sivori ..................... 41
Die Religionslehrerin ............................... 43
Das »junge Ding« ................................... 43
Die Chefin ......................................... 44
Die Richterin ....................................... 45
Die Schutzbedürftige ............................... 47
Die weiblichen Lieblingsheiligen .................... 48

## PAPST FRANZISKUS IN SEINEN REDEN UND DOKUMENTEN

**Neue Räume öffnen**
*Die Frau in der Kirche heute* .......................... 54

**Der ungehobene Schatz**
*Was Frauen und Laien einbringen* .................... 68

**Christ wird man nicht im Labor**
*Die Kirche ist Mutter* ................................ 76

**Maria**
*Modell der Kirche* ................................... 85

**Die Sendung der Christin von den Anfängen her**
*Frauen in der Bibel* ................................. 103

**Unersetzlich in der Welt**
*Die Frau in der Gesellschaft* ......................... 120

**Ehe und Familie**
*Damit sie die Liebe sichtbar machen können* .......... 127

**Ordensfrauen**
*Frauen in Spannung* ................................ 154

**Persönliche Erinnerungen von Papst Franziskus** .. 166

**Impulse und Grüße an Frauen** ..................... 173

# HINFÜHRUNG

*von Gudrun Sailer*

# Franziskus und die Frauen

Der Vatikan ist in Bewegung. Papst Franziskus, am 13. März 2013 zum Nachfolger Petri gewählt, wünscht eine zeitgemäße Architektur der Kirche, die nicht auf starrer Statik ruht, sondern auf dem gemeinsamen Voranschreiten und dem gemeinsamen Schauen auf Jesus. Im Vatikan legt der Papst Behörden zusammen, er möchte das Karrieredenken mancher Kurialer auf neue Ziele lenken und den Heiligen Stuhl zu einer dienenden statt herrschenden Instanz machen. Nicht mehr »Spitze« soll der Vatikan sein, sondern »Mitte«, Mitte auf neue Weise freilich. Zu lange kreiste diese Mitte der Kirche um sich selbst. Der Papst hat ihr den Aufbruch zu den Peripherien verordnet. Zu den Peripherien des Katholischen: zu den Peripherien der Armen, Gedemütigten, Entrechteten und ihrer Lebensgrundlage Beraubten, zu den Peripherien der Gleichgültigen, der Ahnungslosen, der Fernstehenden, der Verletzten und der Überkritischen. Vom Rand aus sehen wir die Mitte besser, sagt Franziskus, der Papst vom »Ende der Welt«.

Bricht mit solchen Äußerungen die Stunde der Frauen in der Kirche an? Manche hoffen es. Und nicht zu Unrecht. Die Ausgangslage scheint klar: Auch die Frauen sind heute eine Peripherie der katholischen Kirche. Und das ist paradox. Mindestens die Hälfte der Getauften sind weiblichen Geschlechts, mehr Frauen als Männer sitzen bei der Messe in den Kirchenbänken, mehr Frauen als Männer studieren Theologie, zumindest an den Universitäten Westeuropas. Überzeugte Katholikinnen mit und ohne Ordensgelübde sind in der Kirche und in der Welt immer mit Herz, Kopf und Händen zur Stelle. Sie bauen, beten, arbeiten in Krankenhäusern und Hospizen und Haftanstalten; sie unterrichten, pflegen, denken, sind Theologinnen oder Kirchenrichterinnen oder Exerzitienmeisterinnen, sie leiten Gemeinden ohne Priester. Frauen geben den Glauben weiter: in der Familie, als Religionslehrerinnen, als Missionarinnen in den entlegensten Flecken der Erde. Sie bezeugen Christus mit ihrem Leben, sie machen Jesus erfahrbar, sie tragen die Botschaft des Retters in die Welt.

Ohne Frauen würde die Kirche nicht existieren. Dennoch fühlen sich viele Frauen in der Kirche an den Rand gedrängt. Sie sind es müde, nur Tat zu geben, nicht aber Rat, weil der ihre oft nicht zählt.

Als erfahrener Hirte zieht Papst Franziskus die Wahrnehmung dieser Katholikinnen nicht in Zweifel. Er versucht nicht, sie vom Gegenteil zu überzeugen, noch ignoriert er sie oder macht ihnen Vorwürfe. Bis zu einem gewissen Punkt schließt er sich ihnen sogar an. »Ich leide«, bekundete der Papst wenige Monate nach seiner Wahl in einer Audienz vor Katholikinnen, »ich leide, wenn ich in der Kirche sehe, dass die Rolle des Dienens – die wir alle haben und haben müssen –, dass die Rolle des Dienens der Frau in Richtung einer Rolle der Fronarbeit abgleitet.« Wiederholt kam Franziskus auf das Thema zurück, weil er in Interviews und »fliegenden Pressekonferenzen« bei Papstreisen darauf angesprochen wurde. Im Übrigen zeigt allein die Insistenz, mit der ihm die Frage unterbreitet wird, dass das Anliegen der Frau in der Kirche schon lange auf frischen Wind von oben wartet – und dass viele in Franziskus den rechten Mann sehen, diesen Wind auch wirklich wehen zu lassen.

Was allerdings seine Vision für den Platz der Frau in der Kirche anlangt, bleibt Papst Franziskus im Unbestimmten. Sicherlich, mit einem Posten hier und da für weibliche Führungskräfte ist es nicht getan. »Die Frau darf nicht darauf beschränkt werden, dass sie Präsidentin der Caritas ist«, mahnt der Papst: »Es muss mehr sein, aber zutiefst mehr, auch mystisch mehr.« Maria als Frau sei wichtiger als die Apostel, das heißt wichtiger als die Bischöfe, sagt er mehrmals. Oder: »Ich bin von der Dringlichkeit überzeugt, den Frauen im Leben der Kirche Räume zu bieten.« An anderer Stelle benennt er als die große Herausforderung heute, zu »reflektieren über den spezifischen Platz der Frau gerade auch dort, wo in den verschiedenen Bereichen der Kirche Autorität ausgeübt wird«.

Wie aber soll das geschehen? »Die Reden, die ich über die Rolle der Frau in der Kirche höre, sind oft von einer Männlichkeitsideologie inspiriert«, klagt der Papst. Eingestandenermaßen fürchtet er sich vor einem »Machismo im Rock«. Kardinälinnen will er keine, auch das wissen wir klipp und klar aus seinem Mund. Priesterweihe für Frauen? »Diese Tür ist geschlossen.« Wie er zu Diakoninnen steht (der Vorschlag kam 2015 en passant sogar bei der römischen Bischofssynode zu Ehe und Familie auf), kann man aus seinem Haarsträuben beim Gedanken an eine Klerikalisierung von Laien ermessen.

Theologinnen hingegen findet Franziskus gut. »Erdbeeren auf der Torte« hat er sie einmal im Scherz-Modus und seinerseits nicht frei von Machismo genannt. Das spontane Wort wird verzeihlich, weil Franziskus im selben Atemzug ein Nachdenken über die Rolle anregte, die Frauen in der Theologie »haben können und müssen«. Und niemals ermüdet der Papst, wenn er uns einschärft: Die Kirche ist Mutter. »Die Kirche« heiße es, nicht »der Kirche«. Das möge man vertiefen. Alles Weitere später.

# Theologische Probebohrungen

Gelegentlich weist der Papst selbst auf noch jungfräuliche Wege solchen theologischen Nachdenkens, die eines Tages dabei helfen könnten, den Frauen – ihrer gleichen Würde vor Gott gemäß – zu mehr Sichtbarkeit im Gottesvolk zu verhelfen. In der katholischen Kirche können nur Priester Leitungsgewalt über Priester ausüben. Laien, gleich ob männliche oder weibliche, haben niemals das Sagen über Geweihte, zumindest wo es um juristisch bindende Entscheidungen geht. Hier haben Tradition und Kirchenrecht eine wohldefinierte Decke aus Panzerglas eingezogen, mit der viele Katholikinnen – nicht alle – sich arrangiert haben.

Nun aber kommt Franziskus und kann sich vorstellen, die selten hinterfragte Verbindung zwischen Weiheamt und Verantwortung zu lockern. Auf diese Weise stünden auch Nichtpriestern und mithin Frauen neue Wirkbereiche in der Kirche offen. Wie die katholische Lehre besagt, sind die Priester Christus, dem Haupt der Kirche, gleichgestaltet. Dies bedeutet freilich »keine Erhebung«, die den Geweihten »an die Spitze alles Übrigen setzt«, erklärt Franziskus in seinem programmatischen Lehrschreiben »Evangelii gaudium«. Das Um und Auf des Priesters sei nicht etwa Macht, sondern Vollmacht: die Vollmacht nämlich, das Sakrament der Eucharistie zu spenden. Alles andere am Priester aber sei Dienst. Was bedeutet das nun für die »mögliche Rolle der Frau« in der Kirche?, fragt sich Franziskus und übergibt die Frage umgehend den Gottesgelehrten beiderlei Geschlechts.

Eine weitere theologische Probebohrung hat der Papst bei einer seiner Generalaudienzen zu Ehe und Familie zwischen den beiden Bischofssynoden angeregt. Ausgangspunkt war die Feindschaft, die Gott dem biblischen Schöpfungsbericht zufolge zwischen die Schlange und die Frau setzte, zwischen den Nachwuchs der Schlange und den Nachwuchs der Frau. Franziskus findet zu der originellen Aussage, die Frau sei seither »Trägerin eines geheimen und besonderen Segens zum Schutz ihres Kindes vor dem Bösen«. Das öffne neue Räume für eine Theologie der Frau. Denkt der Papst an Exorzistinnen? Oder an die Zuerkennung größerer spiritueller Autorität an die Frau, vielleicht gar an eine neue geistliche Figur im Schoß der Kirche? Jedenfalls denkt er an Vertiefung, Erweiterung, Auslotung.

So offen und anregend die Vorstellungen von Papst Franziskus zum Platz der Frau in der Kirche, so deutlich wird er, was die Rolle der Frau »draußen in der Welt« betrifft. Franziskus scheut sich nicht, ungerechte Bezahlung weiblicher Arbeitskräfte anzuprangern (er selbst ist da mit dem Gewissen im Reinen: Im Vatikan wird als vielleicht einzigem Staat der Welt Männern und Frauen gleicher Lohn für gleiche Arbeit bezahlt). Im selben Atemzug fordert der Papst Anerkennung für die unbezahlte Arbeit der Frau in der Familie ein. Er bekrittelt das »uralte Modell« gesellschaftlicher Unterordnung der Frau unter den Mann, das zumindest die westlichen Gesellschaften gottlob schon hinter sich gelassen hätten, obwohl die üblen Folgen davon noch immer nachwirkten. Keine Rede davon, dass Frauen ausschließlich zu Hause als Mütter möglichst vieler Kinder an der richtigen Stelle seien. Man muss übrigens einige Jahrzehnte zurückgehen, um dieses Modell noch aus dem Mund von Päpsten als das einzig wahre dargestellt zu bekommen.

## Frauen im Vatikan

Die katholische Kirche ist die einzige Religionsgemeinschaft der Welt, die einen eigenen Staat hat – den Staat der Vatikanstadt, kurz: Vatikan. Hier wird am sogenannten Heiligen Stuhl die Weltkirche mit über einer Milliarde Gläubigen geleitet und verwaltet, und daran wirken nicht nur der Papst, Kardinäle, Bischöfe, Priester und Ordensleute mit, sondern sogar überwiegend Laien. Unter diesen wiederum wächst der Anteil der Frauen. Rund 19 Prozent der gesamten Belegschaft im Vatikan waren 2013 weiblichen Geschlechts – in absoluten Zahlen gut 750 Frauen. Auf sie trifft es gleichsam doppelt zu, was der Papst über die Rolle der Frau denkt. Denn sie befinden sich an der Schnittstelle zwischen Kirche und Welt. Der Papst leitet den Vatikan als absoluter Monarch, das ist die offizielle Regierungsform im kleinsten Staat des Erdenrunds. Wenn es Franziskus ernst mit dem Anliegen ist, die Frau strukturell über die »Rolle der Dienerschaft« hinauszuheben, dann wäre sein eigener Staat eine Art Testfeld dafür.

Wer aber sind die Frauen im Vatikan? Welche Aufgaben haben sie? Welche Perspektiven? Und wo drückt der Schuh?

Keine Frau leitete jemals ein päpstliches Ministerium, also eine Kongregation, einen Rat oder einen Gerichtshof. Eine Präfektin der vatikanischen Glaubenskongregation bleibt wohl auf Dauer Zukunftsmusik. Und doch haben es Frauen im Vatikan mittlerweile zu einigem gebracht, ohne dass das groß kommuniziert würde. Keine Quote hat daran mitgewirkt, es war gewissermaßen der Lauf der Zeit. Die höchste Position, die eine weibliche Kraft vorerst innehat, ist die des Untersekretärs. Zwei davon gibt es 2015 im Vatikan: Schwester Nicoletta Spezzati in der Ordenskongregation und Flaminia Giovanelli im Päpstlichen Rat für Gerechtigkeit und Frieden. Der Untersekretär ist Teil der drei- bis vierköpfigen Führungsebene eines päpstlichen Ministeriums und entspricht vom Rang her etwa einem Staatssekretär oder einem Ministerialdirektor in einer weltlichen Regierung. Und es gibt Luft nach oben im Papststaat: An den beiden Superministerien, die Franziskus im Zug der Kurienreform durch Zusammenlegung mehrerer Räte anstrebt, kann sich der Papst Frauen oder auch ein Ehepaar in noch höheren Positionen vorstellen. Wenn auch nicht ganz an der Spitze – dort werde immer ein Kardinal walten. Heute und in Ewigkeit.

Überwiegend trifft man Frauen am Heiligen Stuhl im mittleren bis höheren Gehaltsbereich, dort, wo ein Universitätsabschluss die Norm ist. Sie wirken als Fachreferentinnen, Kunsthistorikerinnen oder Archivarinnen, leiten aber auch Päpstliche Akademien wie etwa jene für Sozialwissenschaften. Am Staatssekretariat arbeiten an die 50 Frauen, ein Viertel der Belegschaft. Die Redaktionen von Radio Vatikan sind zur Hälfte mit Journalistinnen besetzt, während die Regler von Dutzenden Technikern, aber nur einer einzigen Technikerin geschoben werden. Aufs Putzen und die übrigen »niederen Dienste« ist im Papststaat eher das starke Geschlecht abonniert. Das war nicht immer so. Die erste Frau mit bezahltem Job nahm 1915 ihren Dienst im Vatikan auf. Anna Pezzoli wirkte als Hilfsarbeiterin in der Floreria Apostolica, dem päpstlichen Möbelmagazin, und mehr als diese dürren Daten wissen wir nicht von ihr. In nennenswerter Zahl strömten Frauen erst nach dem II. Vatikanischen Konzil (1962–1965) zum Dienst in den Vatikan. Erst kamen die Klofrauen (ohne Ordensgelübde), dann die Sekretärinnen (mit Ordensgelübde). Historische Längsbohrungen dieser Art können helfen, in der Gegenwart gerechter zu urteilen.

Gegen den Einsatz von Frauen im Vatikan sprechen hauptsächlich drei Gründe. Ein hierarchischer – das bereits erwähnte Limit aufgrund der fehlenden Priesterweihe –, ein finanzieller und ein traditioneller: Wenn am Heiligen Stuhl eine Stelle zu besetzen ist, denkt niemand an eine Frau. Eine echte vatikanische Personalpolitik fehlt, jede Einheit handelt in diesem Punkt selbstständig. Der Chef fragt herum: »Kennen Sie wen?«, er fragt einen Priester, und diesem kommen meist andere Priester in den Sinn. Latente Misogynie in einigen Kurienbüros – weniger im Vatikanstaat – könnte ebenfalls eine Rolle spielen. Ein Mentalitätswechsel scheint sich aber abzuzeichnen, und er hat mit der weiblichen Präsenz an den Universitäten und theologischen Fakultäten zu tun. Ein Priesteramtskandidat, der mit vielen gleichaltrigen Studentinnen im Theologieseminar sitzt, das eine Professorin leitet, entwickelt einen selbstverständlicheren Umgang mit Frauen. Dieser Mentalitätswechsel müsste aber auch dem Papst und den Bischöfen am Herzen liegen.

Der zweite Grund für die mangelnde weibliche Präsenz im Vatikan ist Geld und betrifft an sich Laien beiderlei Geschlechts: Im Gegensatz zu Priestern und Ordensleuten haben Laien meist eine Familie, weshalb sie den Arbeitgeber Papst mehr kosten. Dabei geht es nicht nur um Gehälter, die für Laien grundsätzlich höher sind als etwa für Ordenspriester, sondern auch um die begehrte vatikanische Krankenversicherung oder monatliche Sozialzuschläge für Kinder und weitere Familienangehörige ohne eigenes Einkommen. Gesetze zum Mutterschutz kennt der Vatikan ebenfalls. Sie sehen eine sechsmonatige Auszeit rund um die Geburt eines Kindes vor. Währenddessen bezieht die Mutter ihr volles Gehalt weiter und der Vatikan zahlt eine befristete Vertretung für ihre Arbeitsstelle. Vätermonate sind leider nicht vorgesehen. Für die Taufe jedes Neugeborenen überweist der Papst gleichsam als mitfeiernder Gratulant und Pate eine stattliche Summe Geldes. Der sonst so sparsame Franziskus hat sie ungefähr verdoppelt, während er das Jubelgeld für seinen Amtsantritt, das frühere Päpste ihren Angestellten gewährten, sang- und klanglos versenkte.

Die Sparpolitik in Zeiten der Krise, die der Vatikan heute ebenso wie sein Nachbar Italien durchschifft, wirkt sich auf die Beschäftigung von Laien, zumal weiblichen, nicht förderlich aus. Franziskus verhängte einen vorläufigen Einstellungsstopp. Theoretisch aber wäre unterhalb der Grenze »Priesterweihe« das Potenzial für Frauen im Vatikan noch lange nicht ausgeschöpft. Denn die meisten Einrichtungen im Papststaat treffen keine rechtlich bindenden Entscheidungen, sondern haben beratende oder verwaltende Aufgaben. Beispielsweise die Museen, die Bibliothek, das Geheimarchiv, das Radio, die Verlagsbuchhandlung, die Akademien, aber auch die Päpstlichen Räte, etwa für Kultur oder Medien. Nur die Schweizergarde und die Vatikangendarmerie verweigern sich standhaft wie grundsätzlich einer Öffnung für Frauen – aus Platzgründen, wie es heißt. Unbenommen.

Warum aber ist es gut, wenn Frauen im Vatikan arbeiten? Geht es um einfache – obgleich von Jesus her vorgesehene – Gleichberechtigung der Geschlechter, oder hat die weibliche Präsenz im Papststaat eine tiefere Berechtigung, einen inneren Sinn?

Schon heute haben Frauen im Vatikan eine Funktion, die über ihre eigentliche Stellenbeschreibung hinausgeht. Weil sie zu Hause oft ein Familienleben mit allen Freuden und Nöten haben, kleine Kinder oder pflegebedürftige Eltern, ein Ehrenamt oder irgendwie mitzuversorgende Nachbarn, erinnern sie allein durch ihre Präsenz die klerikalen Vorgesetzten und Kollegen gleichsam an den Normalfall ihres Dienstes. Ähnliches gilt für Ordensfrauen, die im Vatikan ohnehin leicht übersehen werden. In einem derart stark von Priestern geprägten Umfeld kann es leichter aus dem Blickfeld kippen: Die katholische Kirche besteht aus allen Getauften miteinander. Vatikan und Heiliger Stuhl existieren nicht zum Selbsterhalt des Klerus, der ohne Familien schon morgen ausgestorben wäre. Vatikan und Heiliger Stuhl existieren nur im Dienst an der Kirche – das heißt an allen Getauften. Und mehr als die Hälfte von diesen sind Frauen.

## Neues am vatikanischen Stadtrand

Verlassen wir den Vatikan als Arbeitgeber im Sinn von festen Dienstverhältnissen, so stoßen wir heute auf bemerkenswerte Entwicklungen. 2014 wurde erstmals eine Rektorin für eine der päpstlichen Universitäten Roms ernannt, die italienische Franziskanerin Mary Melone (*1964). Papst Franziskus bestätigte die Wahl der Universität »Antonianum« – und löste damit fast einhellige Begeisterung aus. Schwester Mary, wie sich die Rektorin jetzt erst recht nennen lässt, ist in kurzer Zeit zur akademischen Expertin schlechthin für die Frage der Frau in der Kirche herangereift. Sie hat die Anregung des Papstes aufgegriffen, die Theologie der Frau zu vertiefen, und öffnet ihr Audimax für Tagungen, bei denen nicht nur die üblichen Redner die üblichen Lehraussagen zur wechselseitigen Ergänzung von Mann und Frau bekräftigen.

Überhaupt sucht der Heilige Stuhl immer öfter kompetente weibliche Kräfte, wenn er Beratung braucht. So wirken seit 2014 fünf Theologinnen, darunter die in Wien lehrende deutsche Professorin Marianne Schlosser, in der Internationalen Theologischen Kommission; dieses Vordenker-Gremium unter dem Dach der Glaubenskongregation setzt sich aus zwei Dutzend

*Franziskus und die Frauen*

Professoren zusammen. Die ersten beiden Theologinnen wurden 2004 als Mitglieder ernannt.

Zum vatikanischen Ankerplatz der Frauenfrage entwickelt sich im Pontifikat Franziskus der Päpstliche Kulturrat. Sein Präsident ist der italienische Kardinal Gianfranco Ravasi, Bibelwissenschaftler, Universalgelehrter, zigfacher Buchautor, so etwas wie der intellektuelle Leuchtturm im Kollegium der Purpurträger. Ravasi hat verstanden, dass die Frustrationen und die Hoffnungen vieler gläubiger Katholikinnen kaum noch Aufschub dulden.

Die Vollversammlung des Rates im Februar 2015 stellte er unter das Thema »weibliche Kulturen«, ein weltumspannender Ansatz. Er denkt, dass die Gendertheorien, die das Verhältnis der Geschlechter neu auszutarieren versuchen, von der Kirche eine durchdachte und keine angstgesteuerte Antwort brauchen. Und als echte Innovation im Staate Vatikan gründete er im Kulturrat ein rein weibliches Beratungsgremium. Die rund 25 berufenen Frauen – es sollen mehr werden – sind gebeten, in regelmäßigen Abständen einen kritischen Blick auf die Arbeit des Rates zu werfen (an dem nur zwei von rund 20 Angestellten Frauen sind: Protokoll und Archiv). Der Päpstliche Kulturrat beschäftigt sich vorrangig mit den Außenschnittstellen der katholischen Kirche – wie dem Dialog mit den Nichtglaubenden, mit der Wissenschaft und mit modernen gesellschaftlichen Strömungen. Rektorin Mary Melone ist in der Frauen-Beratungsgruppe vertreten, außerdem eine Diplomatin, eine Topmanagerin bei Google, eine Gefängnisdirektorin, eine Chirurgin, mehrere Journalistinnen. Frauen wie sie wurden im Vatikan noch nie konzertiert gehört und schon gar nicht im Ensemble um Rat gefragt. Kardinal Ravasi meint, ein solcher weiblicher Kritiker-Trupp stünde auch anderen Kurienbehörden gut an.

Seine habe allerdings eine Narrenkappe auf und dürfe manches, was anderswo nicht gehe.

Wird der Vatikan weiblicher? Und wird die Kirche als solche offener für Frauen? Ja, und zwar an den Rändern eher als innen. Das war immer so und hat seine Logik: Ein Verwaltungsapparat (wie der Vatikan), und wäre er noch so gutwillig, ist auf Fortsetzung des Bisherigen geeicht und dreht niemals von allein die Vorzeichen auf Reform. Dazu braucht es Weisung von oben, Beispiel von außen und im Fall der Kirche als wichtigen Faktor: Zeit.

Kardinal Bergoglio wusch als Erzbischof von Buenos Aires am Gründonnerstag Häftlingen und Armen die Füße, darunter selbstverständlich auch Frauen. Dasselbe tat er als Bischof von Rom. Beim zweiten Mal war das Stirnrunzeln schon milder. Die Deutsche Bischofskonferenz hat ein Mentoring-Programm für Frauen eingerichtet, damit mehr von ihnen in kirchliche Entscheidungspositionen gelangen. Denn:»Wenn die Kirche die Frauen verliert, in ihrer totalen und realen Dimension, riskiert sie, unfruchtbar zu werden«, warnt der Papst. In der römischen Bischofssynode erhalten möglicherweise weibliche Ordensobere ein Stimmrecht. Die männlichen Ordensoberen, die an der Synode 2015 teilnahmen, fanden es ungerecht, dass ihren ebenfalls teilnehmenden Mitschwestern das Wählen verwehrt blieb, einfach weil sie Frauen sind. Denn unter den zehn gewählten männlichen Ordensoberen war ein Laienbruder – er erhielt das Stimmrecht. Jetzt wollen die männlichen Ordensoberen aus aller Welt sich im Vatikan dafür verwenden, dass der Horizont sich aufs Weibliche weitet. Drei Beispiele von außen.

Die Kirche geht nicht *mit* der Zeit: Sie geht *in* der Zeit und an der Seite der Menschen, die ihr anvertraut sind. Und weil die Kirche Mutter ist und keine zeigefingrige Gouvernante, wie Franziskus unablässig betont, lehrt sie nicht bloß, sondern sie lernt selbst: Sie lernt aus dem Begleiten des Gottesvolkes, das im Insgesamt aller seiner Glieder Kirche *ist*. Die Entwicklung der Zeit gibt der Kirche Zeichen, und ein solches Zeichen der Zeit sind die Talente, die Wünsche und die Rechte von Frauen. Papst Johannes XXIII. schrieb das vor mehr als 50 Jahren. Manchmal gehen Neuerungen von Päpsten aus. Aber öfter kommen sie von den »Rändern«.

Der Papst, der aus der Ferne kam, hat viele Baustellen in der Kirche aufgemacht, eine davon ist das Thema Frauen. Einen genauen Plan hat er nicht, und so kann Franziskus diese Baustelle gewiss nicht in der Spanne abschließen, die ihm noch bleibt. Aber er hat die Architektinnen und die Arbeiterinnen in aller Offenheit dazu eingeladen, sich die Sache einmal anzusehen, herumzutüfteln, herumzubeten und Entwürfe zu liefern. Das ist mehr, als jeder Papst vor ihm getan hat.

# Frau, Kirche und Welt durch die Brille der Päpste

## Pius X. bis Pius XII.

»Jesus war ohne Zweifel der erste Feminist«, behauptet die polnische Ordensschwester Malgorzata Chmielewska (*1951), die in ihrem Heimatland obdachlosen Frauen eine Perspektive gibt. Wenn das stimmt, haben Päpste es in diesem Punkt nicht immer mit Jesus gehalten. Ein Beispiel aus der Politik: das Frauenwahlrecht. Papst Pius X. lehnte es ab und schrieb 1905: »Die Frau soll nicht wählen, sondern sich einem hohen Ideal des menschlichen Wohls verschreiben.« Eine Kurskorrektur erfolgte unter dem Friedenspapst Benedikt XV., der nach dem Ersten Weltkrieg 1919 den Urnengang für weibliche Bürger unterstützte. Die Sozialisten wandten sich anfänglich gegen das Frauenwahlrecht, übrigens aus demselben Grund, aus dem der Papst es befürwortete: Beide meinten, Frauen würden konservativ wählen.

Noch Pius XI., der von 1922 bis 1939 Nachfolger Petri war, gab als Devise aus, weibliche Beschäftigung abseits von Haushalt und Familie gezieme sich nicht für die Katholikin. Kompromisse ging Pius ausgerechnet in seinem eigenen Staat ein. Während seines Pontifikats fanden im Vatikan die ersten akademisch gebildeten Frauen Beschäftigung, unter ihnen mindestens sieben Bibliothekarinnen sowie die deutsche jüdische Archäologin Hermine Speier. Sie baute ab 1934 die Fotothek der Vatikanischen Museen auf und fand mutmaßlich wegen ihrer Notlage als ausgegrenzte Jüdin Unterschlupf beim Arbeitgeber Papst.

Mit Pius XII. zeichnete sich eine erste zaghafte Wende ab. Wenige Monate nach Kriegsende ermunterte Papst Pius die Frauen, sich aus der Privatsphäre herauszuwagen: »Eure Stunde ist gekommen, katholische Frauen und Mädchen, das öffentliche Leben braucht euch.« Freilich war das neue weibliche Auf- und Eintreten nach den Vorstellungen des Papstes keinem anderen Ziel als dem verpflichtet, den heimischen Herd zu verteidigen. Die »Trümmerfrauen«, die zur gleichen Zeit in vielen zerbombten Städten Europas ihre Heimat wieder aufbauten und über diese harte Arbeit ein neues Selbstbewusstsein erlangten, waren dem adligen Pacelli-Papst suspekt. »Ausnahmslos jede Frau hat, versteht das recht, die Pflicht, die strenge Gewissenspflicht, in Aktion zu treten, um die Strömungen im Zaum zu halten, die das Heim bedrohen, und um die Lehren zu bekämpfen, welche die Fundamente aushöhlen«, so der Papst in einer von Abwehr- und Mobilisierungsrhetorik durchformten Ansprache an die italienischen Frauen am 21. Oktober 1945.

Gelassener gibt sich Pius XII. schon vier Jahre später. In Italien sei die Frau heutzutage »aus der Abgeschlossenheit und der Verborgenheit des häuslichen Lebens herausgetreten« und habe »breiten Zugang zu den Stellen, den Büros, der Verantwortung und den Rechten gefunden, die davor ausschließlich dem Mann gehörten«, sagt er am 24. Juli 1949 im Petersdom vor den Frauen der »Azione Cattolica«. Weiterhin seien zwar Ehe, Familie und Kindererziehung das erste Anliegen der Frau in der Welt, weil »ein Volk, in dem Ehe und Familie sich auflösen, früher oder später auf den Ruin zugeht«. Zugleich aber würdigt Pius die weibliche Präsenz in der Öffentlickeit als verantwortungsvoll: »Volljährig und unabhängig geworden sowie mit gleichen Rechten ausgestattet, steht die Frau heute gleichauf mit dem Mann in der Wirtschaft und in der Arbeit, in der Wissenschaft und in der

Kunst, in den freien Berufen, in den öffentlichen Einrichtungen und in der Teilhabe an den politischen und administratativen Bestimmungen des Staates und der Gemeinden«, konstatiert der Papst, wohl eine Spur optimistisch.

Ob Pius XII., als er diese Worte sprach, womöglich konkrete Frauengestalten vor Augen hatte? Denn anderswo hatten Katholikinnen das Ideal des eng umhegten privaten Lebensvollzugs schon länger hinter sich gelassen. In Österreich etwa die vom Judentum konvertierte katholische Sozialpolitikerin Hildegard Burjan (1883–1933). Sie zog als erste christlich-soziale Abgeordnete ins Wiener Parlament und gründete 1919 die heute noch bestehende religiöse Schwesterngemeinschaft Caritas Socialis, deren Vorsteherin sie als verheiratete Frau und Mutter bis zu ihrem Tod war. Hildegard Burjan wurde 2012 seliggesprochen.

In den Vereinigten Staaten durchlief die etwas jüngere Dorothy Day (1897–1980) einen ähnlichen Weg der spirituellen Reifung im Dienst an den Benachteiligten. Aus bescheidenen Verhältnissen stammend, landete sie mit 17 Jahren im Gefängnis, weil sie das Frauenwahlrecht forderte. Mitten in der Großstadt New York wirkte diese vom Atheismus Abgewandte, die durch die – uneheliche – Geburt ihrer Tochter einen Draht zum Höchsten fand. 1933 gründete sie die Catholic Worker Movement; sie öffnete ein Haus der Gastfreundschaft für Bedürftige; als Journalistin trat sie für Frieden und Gewaltlosigkeit ein. Dorothy Day ist eine Pionierin der Kirche der Armen und der Einwanderer, ihr Werk ist von brennender Aktualität. Ihr Seligsprechungsverfahren läuft. Papst Benedikt XVI. würdigte sie in einer seiner letzten Generalaudienzen, und als Franziskus 2015 die USA besuchte und als erster Papst vor dem US-Kongress in Washington sprach, benannte er die Dienerin Gottes Dorothy Day gemeinsam mit Abraham Lincoln, Martin Luther King und dem

*Frau, Kirche und Welt durch die Brille der Päpste*

Mönch Thomas Merton als Vorbild für die Frauen und Männer der Vereinigten Staaten.

## Johannes XXIII.

1963 kam Dorothy Day nach Rom. Gemeinsam mit rund 50 weiteren »Müttern für den Frieden« aus Amerika, Asien und Europa wollte sie Papst Johannes XXIII. dafür danken, dass er in seiner Friedensenzyklika »Pacem in terris« eine Lanze für die Frau brach. Mit diesem Papst aus bäuerlichem Milieu begann tatsächlich eine neue Morgenröte. Er berief das II. Vatikanische Konzil (1962–1965) ein. Einen Plan für die Kirchenreform hatte er nicht, dafür aber das präzise Empfinden, dass die katholische Kirche eine Erneuerung brauche, weil sich die Welt geändert hatte. Johannes XXIII. und sein Nachfolger Paul VI. wünschten keinen Umbau des Lehrgebäudes noch einfach frische Tünche: Sie wollten eine neue Form des kirchlichen Zugehens auf die Männer und Frauen dieser Welt. »Verheutigung«, »aggiornamento«, hieß das Stichwort.

Im April 1963, zwischen erster und zweiter Sitzungsperiode des Konzils und ganz im Geist desselben, veröffentlichte Johannes XXIII. die Enzyklika »Pacem in terris«. Mitten in der Kubakrise und dem Kalten Krieg bekräftigte der alte Papst, Konflikte seien »nicht durch Waffengewalt, sondern durch Verträge und Verhandlungen beizulegen«. Es war das erste päpstliche Lehrschreiben, das die Achtung der Menschenrechte und Grundfreiheiten einforderte. Drei »Zeichen der Zeit« benannte Papst Johannes ohne Angst: Neben dem Aufstieg der Arbeiterklasse und der Demokratisierung von Völkern war das die weibliche Emanzipation. »Die Frau, die sich ihrer Menschenwürde heutzutage immer mehr bewusst wird, ist weit davon entfernt, sich als seelenlose Sache oder als bloßes Werkzeug einschätzen zu lassen; sie nimmt vielmehr sowohl im häuslichen Leben wie im Staat jene Rechte und Pflichten in Anspruch, die der Würde der menschlichen Person entsprechen.« Mit einer solchen Erklärung des päpstlichen Lehramtes war 1963 ein neues Fass aufgemacht. Aber zu sprudeln begann es nicht – oder nur anfanghaft. Immerhin ist es »Pacem in terris« mitzuverdanken, dass Frauen am II. Vatikanischen Konzil teilnahmen.

## Paul VI.

Ursprünglich wollte Johannes' Nachfolger Paul VI. noch im Erscheinungsjahr der Friedensenzyklika weiblichen Rat ins Konzil holen. Überzogene Forderungen allerdings hatten den gegenteiligen Effekt und verzögerten die Berufung von Hörerinnen um ein Jahr. So verkündete Papst Paul 1964 am Fest Mariä Geburt – 8. September – in der Audienzhalle seiner Sommerresidenz Castelgandolfo die Anwesenheit »einiger qualifizierter und frommer Frauen« bei den kommenden Konzilssitzungen. Nicht alle schätzten diesen Vorstoß. Unter den Befürwortern war ein Bischof aus Norditalien namens Albino Luciani. Der spätere Papst Johannes Paul I. prognostizierte, dass die Anwesenheit der Hörerinnen sich nicht auf ein reines Symbol beschränken werde und dass Frauen in der Kirche sich nunmehr mit einigem Selbstbewusstsein dem »kalten System des fortwährenden Sprechens über Macht und über Rechte« widersetzten.

Insgesamt wurden in der dritten und vierten Sitzungsperiode 23 Hörerinnen zum Konzil berufen, zehn Ordensschwestern und 13 Frauen ohne Gelübde. Von Letzteren waren neun ledig,

*Frau, Kirche und Welt durch die Brille der Päpste*

drei verwitwet und eine verheiratet (der Ehemann durfte sie zum Konzil begleiten). Ausgewählt wurden diese Frauen zum einen nach geografischer Herkunft, zum anderen nach Repräsentativität für die Kirche. Sie rekrutierten sich letztlich aus zwei großen Einzugsbereichen: den Frauenorden und den nationenübergreifenden katholischen Frauenvereinigungen.

Dass die Hörerinnen – wie auch die Hörer – in der Plenarversammlung auch das Wort ergreifen, war nicht von Anfang an vorgesehen. Dennoch verlangten immer mehr Konzilsväter, dass Laien beiderlei Geschlechts etwa über das sogenannte Schema XIII mitberaten durften, das die Grundlage der Pastoralkonstitution »Gaudium et spes« über die Kirche in der Welt von heute bildete. Auch in der Diskussion über die Schemata zu Laienapostolat und über die Förderung der Frau waren Hörer und Hörerinnen involviert. In Rom bestätigten die Laien ihren Willen zu einer aktiveren und bewussteren Teilhabe an der kirchlichen Realität. Doch der vergleichsweise kleine Schritt, eine der Hörerinnen im Konzilsplenum sprechen zu lassen, wurde nicht getan, obwohl es dazu mehrere gemeinsame Anläufe von Hörerinnen und Hörern gab. Konzilssekretär Pericle Felici lehnte ab unter Verweis auf das vielbemühte Paulusdiktum, die Frauen hätten in der Gemeindeversammlung zu schweigen (1 Kor 14,34).

Die Hörerinnen im Petersdom saßen auf der Tribüne des heiligen Andreas, rechts vom langen Tisch der Vorsitzenden. Die Ordensfrauen erschienen im Habit, die übrigen Hörerinnen schwarz gekleidet mit schwarzem Schleier auf dem Kopf, und auch wenn der ganze Auftritt in heutiger Vorstellung rührend erscheint, war das Dasein der Hörerinnen in diesem Rahmen eine Sensation. In den frühen 1960er Jahren gab es keinen Weltgipfel welcher Art auch immer, in dem die Anwesenheit von

Frauen garantiert gewesen wäre. Die katholische Kirche war hier Avantgarde.

Ganz reibungslos liefen die Begegnungen freilich nicht ab. Im Petersdom musste eine eigene Kaffeebar nur für die Hörerinnen eingerichtet werden, weil einige Konzilsväter nicht riskieren wollten, in der räumlichen Enge eines solchen Etablissements ihren Pausenkaffee etwa Seite an Seite mit einer Frau einzunehmen. Den männlichen Hörern hingegen war der Zutritt zur Bar der Konzilsväter erlaubt. Der Graben verlief zwischen Männern und Frauen, nicht zwischen Priestern und Laien. Ein solches Bild lässt unmittelbar begreifen, wie sehr sich die Kirche seit dem Konzil und dank des Konzils fortentwickelt hat.

Drei Hörerinnen aus dem deutschen Sprachraum waren beim Konzil vertreten: Schwester Juliana Thomas, die Generalsekretärin der Union der Generaloberinnen, Gertrud Ehrle, die langjährige Präsidentin des Katholischen Deutschen Frauenbundes, und Hedwig von Skoda, eine in Wien geborene und in der Schweiz lebende Tschechoslowakin und studierte Juristin. Wie weit der stille Einfluss von Laien beziehungsweise Frauen auf Konzilstexte im Einzelfall zu reichen vermochte, verdeutlicht anschaulich das Beispiel der Mexikanerin Luz María Longoria Gama und ihres Mannes José Álvarez Icaza Manero. Gegenüber 2.800 Bischöfen waren die beiden das einzige beim Konzil vertretene Ehepaar, obwohl das Christentum seit jeher auf die glaubensformende Kraft von Ehe und Familie gesetzt hatte.

Das mexikanische Paar, Eltern von zwölf Kindern, brachte sich in der Kommission zum Laienapostolat intensiv ein. Ihre Eingaben schrieben sie auf Latein, um bei den Konzilsvätern mehr Gehör zu finden. Der Präsident des lateinamerikanischen Bischofsrates CELAM präsentierte viele ihrer Vorschläge im Plenum. Ihre Ansichten über die Natur der christlichen Familie fanden tatsächlich Eingang in die Texte des Konzils. Sie zeigen eine deutliche Weiterentwicklung der vorherrschenden scholastischen Anschauung, der zufolge das Hauptziel der Ehe die Fortpflanzung sei, ferner die eheliche Komplementarität und drittens das Stillen der Begierde. »Bei allem Respekt«, lässt sich Luz María Longoria Gama vernehmen, »ich sage Ihnen, werte Konzilsväter, dass Ihre Mütter Sie ohne Furcht vor Begierde empfangen haben.« So findet sich im Passus über Geburtenkontrolle der Pastoralkonstitution »Die Kirche in der Welt von heute« das Novum formuliert, dass der Hauptakzent der ehelichen Vereinigung auf der Liebe als körperlichem Ausdruck der Zuneigung zwischen den Eheleuten liegt. Bei der Debatte des betreffenden Schemas wurden nicht weniger als 25 der 28 Vorschläge des mexikanischen Ehepaares angenommen. Dieses Beispiel zeigt, dass die Präsenz von Frauen beim Konzil am Ende doch mehr als bloß symbolischer Art war: Der spätere Papst Johannes Paul I. behielt recht.

Die Anwesenheit der Frauen beim Konzil hatte freilich nicht nur positive Folgen. Zwei Hörerinnen entwickelten später eine außerordentlich kritische Haltung zur Kirche. Die Niederländerin Marie Vendrik, die erste Präsidentin des Weltbundes der katholischen Frauenjugend und Mädchen, warf der Kirche vor, im Ausschluss der Frauen vom Priesteramt zu verharren. Tatsächlich lässt sich hier ein erster Riss beobachten. Es drohte ein Bruch mit der Hierarchie über das emotionsbeladene Thema der Frauenweihe. Seit dem Konzil und bis heute bangt die Institution Kirche, dass alles auf diese Frage zuläuft, sobald sie den Frauen Verantwortung und Sichtbarkeit gibt. Dabei ist für die allermeisten Katholikinnen nicht die Weihe der Punkt, sondern alles Übrige.

Im großen Ganzen aber hatte das Konzil unbestreitbar positive Folgen für die weibliche Hälfte der Getauften. Der Stellenwert von Frauen in der Kirche erhöhte sich dank der Reformen, die die Möglichkeiten der Teilhabe von Laien am Leben der Kirche erweiterten. Besonders Frauen haben diese Möglichkeiten genutzt; zu nennen wären hier der freie Zugang zum Studium der Theologie und die Zulassung von Ministrantinnen bei der Messe. Der Altarbereich war jahrhundertelang tabu für weibliche Wesen gleich welchen Alters gewesen.

Papst Paul VI. traf noch eine andere weitreichende Entscheidung für die Sichtbarmachung des Weiblichen in der Kirche: 1970 erhob er die ersten beiden Frauen zu Kirchenlehrerinnen, Katharina von Siena und Teresa von Ávila. Johannes Paul II. und Benedikt XVI. ernannten je eine weitere Kirchenlehrerin: Thérèse von Lisieux und Hildegard von Bingen. Das bedeutete ihre volle Anerkennung als Theologinnen in der ersten Reihe der Tradition und der Geschichte der Kirche, denn Bedingung für die Anerkennung als Kirchenlehrer ist nicht nur der heilige Lebenswandel des oder der Betreffenden, sondern auch seine oder ihre herausragende Lehre. Diese Frauen hatten kulturell und doktrinell ganz vorn in der Kirche gewirkt, im Fall der »störrischen Nonne« Teresa von Ávila zum ausdrücklichen Missfallen von Bischöfen.

## Johannes Paul I.

Auf welche Weise hätte wohl Papst Johannes Paul I., Albino Luciani, sich der Frauenfrage in der Kirche angenommen? Sein Pontifikat dauerte nur 33 Tage im Spätsommer 1978. Als Kardinal und Patriarch von Venedig hatte dieser hochintelligente, liebenswürdige und demütige Kirchenmann in den frühen 1970er Jahren originelle Briefe an 33 historische Persönlichkeiten verfasst, darunter Kaiserin Maria Theresia von Österreich, die Sparta-Prinzessin Penelope, Goethe, Pinocchio, Andreas Hofer, Jesus Christus, Thérèse von Lisieux und Teresa von Ávila, die bereits Kirchenlehrerin war. »Sie sind für mich«, so schreibt er der spanischen Mystikerin und Ordensgründerin des 16. Jahrhunderts, »der bemerkenswerte Fall eines Phänomens, das sich im Leben der katholischen Kirche regelmäßig wiederholt. Die Frauen in der Kirche regieren von Haus aus nicht, das gehört zur Hierarchie, aber sehr oft inspirieren, fördern und leiten sie. Einerseits weht der Geist, ›wo er will‹, andererseits ist die Frau sensibler für Religion und besser befähigt, sich generös den großen Dingen hinzugeben.« Und Kardinal Luciani zieht aus den Schriften Teresas bestimmte Leitsätze: Der Heilige Geist ist über allem, und Charismen – geistliche Begabungen – »sind keine Reservate: Sie können allen zuteilwerden, Priestern und Laien, Männern und Frauen.«

Eine neue Wertschätzung für das weibliche Erbe der Kirche kündigt sich in solchen Zeilen an. Erst jetzt, in der zweiten Hälfte des 20. Jahrhunderts, wird der Beitrag von Frauen für die Kirche wirklich vom Inneren her anerkannt. Nicht dass es diesen Beitrag nicht gegeben hätte – im Gegenteil, schreibt Luciani, der in seinem Brief an Teresa von Ávila noch viel weiter ausholt und ein Dutzend großer Frauen der Kirchengeschichte nennt, deren Namen heute vielfach vergessen sind. Doch erst die Würdigung durch den Papst, Paul VI. und nun Luciani, sichert weiblicher Theologie und Spiritualität die ihr zustehende Anerkennung auf breiterer kirchlicher Basis.

In den 33 Tagen seines Pontifikates findet Johannes Paul I. auch die Gelegenheit, einen unbegreiflich wahren Satz über die Identität des Höchsten zu sagen. Beim Mittagsgebet am 10. September 1978 erklingen folgende Worte an die treulich versammelte Schar der Gläubigen auf dem Petersplatz: »Gott hat die Augen immer offen über uns. Gott ist Papa, mehr noch, er ist Mutter. Er will uns nichts Schlechtes tun, will uns nur Gutes tun, uns allen. Wenn Kinder einmal krank sind, haben sie noch mehr Anrecht, von der Mutter geliebt zu werden. Und auch wir, wenn wir vielleicht an Schlechtigkeit erkrankt und auf Abwege geraten sind, haben noch mehr Anrecht, vom Herrn geliebt zu sein.«

»Gott ist Papa, mehr noch, er ist Mutter«: ein Satz, der unsterblich wird, gerade weil er bei manchen Widerspruch hervorruft. Der Vatikan will ihn nicht gerne verbreitet sehen. In Büchern über Johannes Paul I. aus der Anfangszeit fehlt der entsprechende Passus.

Als Kind hatte Albino Luciani den mütterlich-väterlichen Gott womöglich selbst kennengelernt. Der Papst stammte aus ärmlichen Verhältnissen, der Vater musste sich als Gastarbeiter in der Schweiz verdingen, die Mutter die Familie allein durchbringen. Als feministisches Glaubensbekenntnis hatte Johannes Paul I. seinen Satz über die Nähe Gottes zu den Menschen nicht gemeint. Er hatte ein Bild benutzt, das einen theologischen Sachverhalt unmittelbar und für jeden zugänglich macht: ein kommunikativer Akt, der aus heutiger Sicht an Papst Franziskus erinnert.

## Johannes Paul II.

Noch eine Etappe weiter auf dem Weg bringt uns das lange Pontifikat von Johannes Paul II. Der polnische Papst wurde mit 58 Jahren ins Amt gewählt. Sein selbstverständlicher Umgang mit Frauen fiel sofort ins Auge, er umarmte seine polnischen Freundinnen ohne verschämte Gesten, ein strahlender Mann in den besten Jahren, väterlich, aber nicht großväterlich.

Karol Wojtyłas Mutter war gestorben, als er noch ein Kind war. Immer in seinem Leben hatte er enge Freundschaften zu Frauen gepflegt. Sogar einen weiblichen »Lebensmenschen« hatte er: die Ärztin Wanda Półtawska. Er lernte sie als junger Priester zu Beginn der 1950er Jahre kennen. Über fünf Jahrzehnte schrieben sie einander Briefe, viele, sehr viele, bis zu seinem Tod 2005. Seelenverwandtschaft war das, geistige Liebe in sublimer Form. Wanda nannte den Freund zeitlebens »Bruder«. Sie heiratete einen Philosophen, vier Töchter kamen zur Welt. »Lolek«, der Priester, war Teil der Familie, er verbrachte Festtage und Ferien mit Półtawskis, zu siebt und mehr streiften sie durch die Wälder und Berge der Hohen Tatra, zelteten unter den Sternen, feierten Morgenmessen auf der Wiese.

Wanda hatte das KZ Ravensbrück überlebt einschließlich medizinischer Zwangsexperimente, sie sah Neugeborene, die lebend in die Brennöfen geworfen wurden. Fortan verteidigte sie das werdende Leben und die Familie. Wanda und Karol berieten einander gegenseitig, sie ihn aus ihrer Psychiatrie-Praxis in Polen, er sie von seinem Bischofsstuhl, erst in Krakau, dann in Rom. »Du warst und bleibst meine persönliche Fachfrau im Bereich ›Humanae Vitae‹«, schreibt er ihr Ende 1978. Zehn Jahre davor hatte Wojtyła in der Kommission zur Vorbereitung dieser Enzyklika Pauls VI. gearbeitet, mit der das kirchliche Lehramt – überraschend für viele – sein Nein zur Antibabypille verkündete. Auch die von Johannes Paul in einer langen Katechesenreihe dargelegte »Theologie des Leibes« ist von Frau Dr. Wanda Półtawska inspiriert. Als Mutter, Ärztin und Katholikin empfand sie die Notwendigkeit eines solchen Nachdenkens über die

Weitergabe des Lebens und darüber, wie sich Sexualität in die Pläne Gottes einpasst.

Noch als Papst nahm sich Karol Wojtyła Zeit, die Meditationen seiner Freundin zu lesen und mit Randnotizen zu versehen. Über Wanda Półtawska lernte der Papst die Befindlichkeit weiblichen Fühlens und Denkens kennen. Er war ihr Seelenführer, und vielleicht lag auch darin Gegenseitigkeit. Jedenfalls rief die ungewöhnlich tiefe Freundschaft zwischen dem Papst und der Ärztin Kritiker auf den Plan, gerade in Kirchenkreisen. Der langjährige Papstsekretär Stanisław Dziwisz, der spätere Kardinal von Krakau, kommentierte nach dem Tod seines Dienstherrn Johannes Paul, Frau Półtawska wolle sich wichtigmachen. Sie hatte das Sakrileg begangen, ihren Briefwechsel mit Karol Wojtyła zu veröffentlichen. Er ist außerordentlich lesenswert. »Tagebuch einer Freundschaft« hieße er auf Deutsch, wäre er übersetzt. Das Buch liegt auf Polnisch, Englisch und Italienisch vor.

Eine weitere geistige Freundschaft auf Augenhöhe unterhielt Johannes Paul II. mit Chiara Lubich (1920–2008), der Gründerin der Fokolarbewegung. Papst Johannes XXIII. hatte die »Focolarini« zwar bereits 1962 anerkannt, aber die kirchliche Billigung der Statuten ließ 30 Jahre auf sich warten. Lubich eriel von Johannes Paul ein seltenes Privileg: Die Bewegung, der sowohl Laien als auch Priester angehören, muss immer von einer Frau geleitet werden; das ist Teil der Statuen – und ein Unikum im Panorama der geistlichen Bewegungen und Familien.

Auch zwei Schriften des polnischen Papstes ließen aufhorchen: das apostolische Schreiben »Mulieris dignitatem« von 1987 und der »Brief an die Frauen« von 1995. In »Mulieris dignitatem« (»Die Würde der Frau«) erkannte zum ersten Mal ein Papst in feierlicher Form die Tragweite und die Rolle der Frauen in der

*Frau, Kirche und Welt durch die Brille der Päpste*

Heilsgeschichte an. Johannes Paul fand einen Begriff, der die theologische Debatte über die Frau lange prägte: den »weiblichen Genius«. Er meinte damit das Talent der Frau, in der Masse den einzelnen Menschen zu entdecken und zu fördern, anderen ein offenes Ohr zu schenken, Schwächere zu respektieren und überhaupt Personen wichtiger zu nehmen als Sachen. Wie Johannes Paul II. schrieb, hat Gott der Frau »in einer besonderen Weise den Menschen anvertraut«. »Mulieris dignitatem« ist der lesbare Beweis dafür, dass Freundschaften zwischen Päpsten und Frauen selbstverständlich das Lehramt und damit die Zukunft der Kirche beeinflussen können.

Diese Freundschaften, vielleicht: diese Freundschaft – im Singular – leuchtet auch in Johannes Pauls persönlich gehaltenem »Brief an die Frauen« auf. Darin findet sich die bemerkenswerte Stelle, in der Wojtyła seine Bewunderung für die Frauenrechtlerinnen früherer Tage ausdrückt, die wirkten zu einer Zeit, »in der dieser ihr Einsatz als eine Übertretung, als Zeichen mangelnder Fraulichkeit, als großtuerisches Gehabe, ja als Sünde angesehen wurde!« Inzwischen habe die Welt einen »großartigen Befreiungsprozess der Frau« erlebt, auf diesem Weg gelte es weiterzugehen.

Innerhalb des Wojtyła-Pontifikats verortet sich der »Brief an die Frauen« zwischen zwei bedeutsamen Daten. Im Jahr davor hatte Johannes Paul die Debatte über die Priesterweihe für Frauen »kraft meines Amtes« für abgeschlossen erklärt (»Ordinatio sacerdotalis«, 1994), obwohl sie das nicht war. Und 1995 tagte die vierte Weltfrauenkonferenz der Vereinten Nationen in Peking. Der Papst entschloss sich, zum ersten Mal eine offizielle Delegation des Heiligen Stuhls einer weiblichen Kraft anzuvertrauen. Die US-amerikanische Juristin Mary Ann Glendon reiste nach Peking und ertrug viele überraschte Blicke auf ihr

Namensschild, das sie als führende Repräsentantin des Heiligen Stuhles auswies. Glendon erhielt später im Vatikan eine bedeutende Rolle: Sie wirkte als erste Präsidentin der Päpstlichen Akademie für die Sozialwissenschaften. So wie überhaupt unter dem späten Johannes Paul II. die ersten Frauen in herausragende vatikanische Spitzenposten berufen wurden. Die bedeutendste dieser Personalien betraf Schwester Enrica Rosanna, Untersekretärin der Ordenskongregation. Ihre Position im »Ministerium«, das für eine knappe Million Ordensleute auf der Welt zuständig ist, erforderte mehr juristische Macht, als ein Laie ausüben kann. So stattete Johannes Paul II. Schwester Enrica mit Sonderrechten aus.

Weithin bekannt ist überdies die Marienverehrung des polnischen Papstes, die so weit ging, dass er der Muttergottes seinen bischöflichen Leitspruch »Totus tuus« (»ganz dein«) widmete und das »M« für »Maria« auf blauem Grund in sein Papstwappen aufnahm. Und Johannes Paul sprach Edith Stein heilig, die deutsche jüdische Philosophin und Frauenrechtlerin, die die Taufe empfing, als Teresia Benedicta vom Kreuz die Gelübde der Karmeliter ablegte und in Auschwitz ermordet wurde, 20 Kilometer von Wojtyłas Geburtsort Wadowice entfernt. Johannes Paul fand es auch an der Zeit, den Patronen Europas Patroninnen zur Seite zu stellen. Edith Stein, Katharina von Siena und Birgitta von Schweden sind seither die weiblichen Schutzheiligen des Alten Kontinents.

*Frau, Kirche und Welt durch die Brille der Päpste*

# Benedikt XVI.

Ob es nicht an der Zeit sei, Frauen in der Kirche »sichtbar« zu machen, fragte ein junger römischer Kaplan im März 2006 bei Benedikt XVI. an. Christus habe die Priesterweihe bekanntlich Männern vorbehalten, erwiderte der Papst, doch sei es »eine berechtigte Frage, ob man Frauen nicht auch im Leitungsdienst der Kirche mehr Raum und mehr verantwortliche Positionen bieten« könne. Die Kirche habe einen große »Dankschuld« gegenüber den Frauen. Benedikt verwies auf die Beispiele der Heiligen Hildegard von Bingen, Katharina von Siena, Teresa von Ávila und Mutter Teresa. Auch wenn diese Frauen auf einer charismatischen und nicht auf einer Führungsebene wirkten, handele es sich um eine »echte und tiefe Teilnahme an der Leitung der Kirche«. Und wenige Monate später lud Benedikt gegenüber deutschen Journalisten (keine der vier geladenen Radio- und Fernsehanstalten hatte eine Journalistin entsandt) dazu ein, »auf Gott zu hören, dass wir den auch nicht behindern, sondern uns freuen, dass das Weibliche in der Kirche, wie es sich gehört – von der Muttergottes und von Maria Magdalena an – seine kraftvolle Stelle erhält.«

Dem Pontifex aus Bayern war die Rückkehr zum Glauben in Europa eine Herzenssache, Struktur- und Personalfragen fand er zu Recht zweitrangig. Die Stärkung der Frau in der Kirche sah er gewiss nicht mit höheren Posten realisiert, darin seinem Nachfolger Franziskus ähnlich, der freilich die Frauenfrage auf eine grundsätzlichere Ebene hob, indem er eine theologische Suchbewegung nach den Standorten der Frau anstieß. Dennoch hatte auch Benedikt XVI. keine Bedenken, in der Verwaltung des Heiligen Stuhles Laien allgemein und Frauen speziell in verantwortungsvolle Dienste zu berufen. So war es Benedikt XVI., der erstmals eine Untersekretärin am päpstlichen »Friedensministerium« ernannte. Unter ihm – schwer zu glauben, wie spät das geschah – dockten die ersten Journalistinnen in der italienischen Redaktion der Papstzeitung der Vatikanzeitung »L'Osservatore Romano« an, die Tirolerin Astrid Haas brachte es gar zur Chefredakteurin der deutschen Ausgabe, und die italienische erhielt eine monatliche Frauenbeilage.

In Joseph Ratzingers früherem Leben hatten die Mutter und die Schwester eine große Rolle gespielt. Beide hießen Maria und waren stille Begleiterinnen an der Seite der brillanten Brüder Joseph und Georg. Die Schwester war es, die bei Joseph den Haushalt führte. Sie blieb unverheiratet und begleitete den Lebensweg des Bruders aufopfernd und treu, wohin er ging, zunächst als Universitätslehrer, dann als Münchner Erzbischof, schließlich als Kardinal in Rom. Marias Tod 1991 war ein schwerer Schlag für Joseph. An ihre Stelle trat eine geistlich hochbegabte Hochschulprofessorin für Viola da Gamba und Alte Musik, Ingrid Stampa, die ihrer religiösen Berufung wegen auf den Lehrstuhl in Deutschland verzichtet hatte, auf Umwegen nach Rom gekommen war und sich dort zunächst der Krankenpflege gewidmet hatte. Ingrid Stampa wirkte als Kardinal Ratzingers Haushälterin und gewann sein Vertrauen, so dass sie auch nach seiner Wahl auf den Stuhl Petri, als sie hauptsächlich als Übersetzerin für ihn tätig war, weiter in einem freundschaftlichen Kontakt zu Benedikt XVI. stand – eine Verbindung, die auch durch kuriale Ränke gegen Ende des Pontifikats nicht zerstört werden konnte.

Nicht die Manager, sondern die Heiligen sind die echten Reformer der Kirche, gab Papst Benedikt zu bedenken. So widmete er eine ganze Reihe seiner Generalaudienzen weiblichen Heiligen, in einer anderen (am 14. Februar 2007) ließ er biblische Frauen Revue passieren und schlussfolgerte, das Pauluswort, wo-

*Frau, Kirche und Welt durch die Brille der Päpste*

nach die Frau in der Versammlung zu schweigen habe, müsse wohl aus seinem Kontext heraus relativiert werden. Auf große geistliche Freundschaften zwischen männlichen und weiblichen Heiligen kam er im Kapitel über Klara von Assisi zu sprechen, die in Franz von Assisi »nicht nur einen Meister, sondern auch einen brüderlichen Freund« fand. Klara war die erste Frau, die eine Ordensregel schrieb. Mit Franz von Assisi verband sie spirituelle Nähe, intellektuelles Verstehen, das Teilen eines Projektes, ein gemeinsam zurückgelegter Weg. Es war eine tiefe menschliche Beziehung zwischen gleich Großen. Aber noch Jahrhunderte später wird diese Buchseite der geistlichen Freundschaft zwischen Männern und Frauen zu eilig überblättert, als stünde kaum etwas darauf. Für sie geworben hat in seiner leisen Art der belesene und geistlich erfahrene Papst Benedikt XVI.

# Die Frauen am Weg des Jorge Mario Bergoglio

Sicher gab es in Jorge Mario Bergoglios Leben auch Männer, die ihm Jesus verkündeten. Aber besser erinnert er sich an die Frauen, die ihm zuerst von Gott erzählten, ihn beten und beichten lehrten: die Großmutter etwa oder die Ordensfrau, die ihn auf die Erstkommunion vorbereitete. Als junger Mann ließ Jorge Mario aufblitzende Begeisterung für das eine oder andere Mädchen nicht ganz vermissen. Und von Anfang an und immer wieder erlebte er das weibliche Vorbild im Leben, im menschlichen Ethos, im Umgang mit schwierigen Situationen. Bergoglio traf auf modellhafte, starke und gebildete Frauen, die loyal zu ihren Überzeugungen standen, ob sie christlich oder sozialistisch oder beides waren. Sie alle prägten den Weg des zukünftigen Papstes und seine Sicht auf die Frau in der Kirche und in der Welt.

## Die Großmutter: Rosa Vassallo

Welcher Mensch hat ihn in seinem Leben am meisten beeinflusst? Bergoglio muss nicht überlegen. »Meine Großmutter Rosa«, sagt der Erzbischof von Buenos Aires in dem langen Interview, das er im Jahr 2010 in mehreren Etappen zwei argentinischen Journalisten gab (»Mein Leben, mein Weg. El Jesuita: Die Gespräche mit Jorge Mario Bergoglio« von Sergio Rubin und Francesca Ambrogetti, Freiburg 2013).

Rosa Margarita Vassallo war die Großmutter väterlicherseits. 1929 wanderten Bergoglios Vorfahren aus dem Piemont nach Argentinien aus. Sie liefen mit dem Schiff am 25. Januar in Buenos Aires ein, Hochsommer, es war heiß an jenem ersten Morgen in der Neuen Welt, doch die Großmutter trug einen Mantel mit Fuchspelz-Kragen. Extravaganz? Im Gegenteil. Eingenäht in den Kragen führte Rosa den gesamten Erlös vom Verkauf des Familienbesitzes in Italien mit sich. Die wirtschaftliche Zukunft der Migrantenfamilie lag in diesem Pelzkragen – und in der Nervenstärke der Frau, die ihn trug. Oma Rosa war kein Gartenpflänzchen. Im heimatlichen Piemont – Asti und Turin – arbeitete sie in der gerade erst Gestalt annehmenden Katholischen Aktion, erinnert sich Bergoglio in einer Aufzeichnung 1990, die der »Osservatore Romano« 2013 abdruckte. Als Laienvertreterin hielt Rosa Vassallo immer wieder Vorträge. »Es scheint, als ob sie dabei Dinge sagte, die der damaligen [faschistischen] Politik nicht gefielen. Einmal sperrten sie ihr den Saal zu, in dem sie sprechen sollte, und da stellte sie sich auf die Straße, auf einen Tisch.«

Mit in die neue Heimat nahm Oma Rosa nicht nur ihre religiöse Verwurzelung, sondern auch ihre Kochkünste. Noch heute erinnert sich der Papst an ihre legendären Risotti und die frische Pasta, die sie ihm in Buenos Aires zubereitete. Dargereicht wurde das alles im zugehörigen Idiom. Mit ihren Enkeln sprach Oma Rosa selbstverständlich ihre Muttersprache, das piemontesische Italienisch. »Ich hatte das Privileg, an der Sprache ihrer Erinnerung teilzuhaben«, drückt Jorge Mario es später aus.

Vor allem aber lehrte Oma Rosa ihre Enkel, wie man betet. Sie nahm sie mit in fromme Andachten, erzählte ihnen von Jesus, erklärte, was man glaubt, wenn man glaubt. Für Franziskus ist Oma Rosa eine »Kirchenmutter« im Kleinen, wie eine italienische Zeitung treffend anmerkte. Die Verehrung des Papstes für seine geistliche Ziehmutter geht so weit, dass er ihr Testament in seinem Brevier aufbewahrt, dem Buch, das er morgens als erstes aufschlägt und abends als letztes schließt. Im Testament gibt Rosa ihren Enkelkindern einen Rat für schwierige Zeiten, Zeiten des Leides und des Verlustes eines geliebten Menschen. Zum einen helfe ein Seufzer zum Tabernakel hin, wo der »größte und erhabenste Märtyrer« wohne, zum anderen ein Blick auf Maria unter dem Kreuz. Jesus und Maria. Sohn und Mutter. Eine Familienkatechese in einer Nussschale, von der Großmutter an den Enkel, der Papst werden sollte. Falls ein Feuer ausbricht, würde er zuallererst sein Brevier retten, versicherte Franziskus in »El Jesuita«.

## Die Mutter: Regina Maria Sivori

Die Kargheit hat der argentinische Papst von seiner Mutter Regina Maria, die nichts wegwarf. Aus den am Hals abgewetzten Hemden des Ehemannes nähte sie Kinderkleider, und die Essensreste vom Vortag wurden zu einer passablen weiteren Mahlzeit zweitverwertet. Jorge Mario, geboren 1936, war das erste Kind seiner Eltern. Nach der fünften und letzten Entbindung blieb die Mutter eine Zeitlang gelähmt, und die größeren Kinder mussten im Haushalt mithelfen. So lernte Jorge kochen und ist mutmaßlich der erste Papst, der noch als Bischof selbst am Herd stand. »Wir können alle zumindest ein Schnitzel braten«, gab er später zu Protokoll.

Obwohl die Mutter religiös war, jubelte sie nicht über die Berufung ihres Ältesten zum Priester. Er hatte ihr nämlich erzählt, er wolle Arzt werden, eine Ausbildung, die als sehr anspruchsvoll galt. Sie richtete ihm eine Dachkammer her, damit er unbehelligt vom Lärm der Geschwister studieren könne. Doch als sie eines Tages hinaufging, fand sie nur theologische Bücher. Der ertappte Sohn sagte: »Mama, ich hab dich nicht angelogen. Ich möchte Medizin der Seele studieren.« Sie brauchte Jahre, um das zu akzeptieren. Als er ins Seminar übersiedelte, hat sie ihn nicht begleitet. »Für ihr Empfinden war alles zu schnell gegangen; für sie hätte diese Entscheidung einer langen Zeit der Reifung bedurft.« Aber am Ende der Feier zur Priesterweihe kniete sie vor ihrem Sohn und bat um seinen Segen.

Die Großmutter hingegen war glücklich über die Berufung des Enkels. Und sie wurde an diesem Punkt zur Lehrerin des späteren Papstes in Sachen Menschenführung: »Bitte vergiss nie«, sagte sie dem Seminaristen, »dass die Türen unseres Hauses dir immer offen stehen und dass niemand dir einen Vorwurf machen wird, wenn du dich dafür entscheidest, zurückzukommen.« Diese Haltung hat sich Jorge Mario eingeprägt: »Ich wusste jetzt, wie ich mich selber gegenüber Personen zu verhalten hatte, die vor einem Schritt mit weitreichenden Konsequenzen für ihr Leben stehen.«

Die Weisheit der großmütterlichen Lebenslehre zeigte sich etwa in Bergoglios Umgang mit Priestern, die sich in eine Frau verlieben und den Bischof darum bitten, den Dienst quittieren zu dürfen. »Ich bin der Erste, der einen Priester in diesem Augenblick seines Lebens begleitet; ich lasse ihn nicht allein, sondern begleite ihn auf seinem ganzen Weg, auch in der spirituellen Verarbeitung dessen, was er erlebt«, erklärte Bergoglio. Nur eines lasse er nicht durchgehen: ein Doppelleben. Er habe den Priestern seiner Diözese in einer solchen Lage immer geholfen, eine Arbeit zu finden und mit ihnen zusammen um eine Dispens in Rom angesucht. »In Gottes Barmherzigkeit ist Raum für alle.«

## Die Religionslehrerin

Im Alter von 21 Jahren erkrankt Jorge Mario lebensgefährlich an einer Lungenentzündung. Die obere Hälfte des rechten Lungenflügels wird ihm amputiert. Unendliche Schmerzen. Welchen Sinn darin sehen? Besucher und Besucherinnen kommen ans Krankenbett mit tröstenden Worten. Doch was sie sagen, muntert den Patienten nicht immer auf. Ihn ärgern die Floskeln im Stil von »wird schon wieder«, das Schönfärberische, das absichtlich am Kern Vorbeigehende. Eine Besucherin aber spricht ihm wirklich Mut zu. Schwester Dolores, deren Ordensname wörtlich »Schmerzen« bedeutet, die Schmerzen Jesu am Kreuz. Schwester Dolores Tortolo ist die Ordensfrau, die Jorge als achtjährigen Volksschüler auf die Erstkommunion vorbereitete und die er nie vergessen hat. Dort am Krankenbett »sagte sie mir etwas, das sich mir tief eingeprägt hat und mir großen Frieden gab: ›Jetzt folgst du Jesus nach‹«, erinnerte sich der Kardinal später. Auf gewisse Weise ergänzte die Schwester mit diesem Wort Jorges Lebenslage ins Christliche hinein. Sie lehrte ihn, wie man sich als Nachfolger Jesu dem Leid stellt. Solange sie lebte, besuchte Bergoglio Schwester Dolores regelmäßig, und als sie starb, hielt der junge Pater eine Nacht lang Totenwache an ihrem aufgebahrten Leichnam.

## Das »junge Ding«

Pater Bergoglio hatte niemals Schwierigkeiten, von »Freundinnen« seiner frühen Jahre zu erzählen. Mit 17 gab es die erste. Sie tanzte Tango wie Jorge, und hätte er nicht seine Berufung gespürt, gut möglich, dass sie geheiratet hätten. Noch ernsthafter scheint eine Episode aus der Zeit als Seminarist (er trat mit 21 ins diözesane Priesterseminar von Buenos Aires ein). Erzählt hat Bergoglio die Begebenheit einem jüdischen Freund, dem Rabbiner Abraham Skorka, ein Gespräch, das unter dem Titel »Über Himmel und Erde« veröffentlicht wurde. Bei der Hochzeit eines Onkels sei er geblendet worden von einem »jungen Ding«, »ihre Schönheit, ihre intellektuelle Ausstrahlung« faszinierten ihn. Eine ganze Woche lang sei er »belämmert« gewesen, und wollte er beten, schob sich der Gedanke an das Mädchen dazwischen. Was tun? »Noch war ich frei, denn ich war ja noch Seminarist, ich konnte also nach Hause zurückgehen, und das war's dann.« Nachdenken, sich prüfen. »Wieder wählte ich den geistlichen Weg – oder ließ mich wählen. Es wäre anormal, wenn solche Dinge nicht passieren würden.«

## Die Chefin

Bergoglio ist ein Papst mit Berufsausbildung, und sein erster Vorgesetzter war eine Frau: Esther Balestrino de Careaga aus Paraguay. Sie leitete das Labor für Lebensmittelchemie, in dem der junge Bergoglio arbeitete, ehe er seine Berufung zum Priester spürte. Eine außergewöhnliche Frau sei sie gewesen, erinnert sich Bergoglio, eine, die ihm viel über Arbeitsethos und über Politik beigebracht habe. Religiös war sie nicht, und ihr Herz schlug weit links, was sie das Leben kosten sollte. »Ich mochte sie sehr gern«, erzählt Bergoglio, »und erinnere mich, dass sie einmal zu mir sagte, als ich ihr eine Analyse brachte: ›Ché ... Na, das hast du aber schnell gemacht.‹ Und sofort fragte sie mich: ›Aber hast du diese Dosierung beachtet oder nicht?‹ Ich erwiderte darauf, wozu ich dies tun sollte, wenn doch alle höheren

Dosierungen mehr oder weniger das gleiche Ergebnis brachten. ›Nein, man muss die Dinge richtig machen‹, rügte sie mich. Sie hat mich definitiv gelehrt, was eine ernsthafte Arbeit ausmacht. Ich verdanke dieser großen Frau wirklich viel.« In diesem Chemielabor, so Bergoglio, »habe ich das Schöne und das Hässliche jeder menschlichen Aktivität verstanden.«

Jorge Mario und Esther Balestrino bleiben in Kontakt, auch und gerade als das Schicksal der Freundin eine dramatische Wende nimmt. Esther Balestrino sympathisiert mit dem Kommunismus, eine lebensgefährliche Sympathie in der Zeit der argentinischen Militärdiktatur (1976–1983). Eines Tages ruft sie den jungen Pater in ihr Haus mit der Bitte, einem Familienangehörigen die Krankensalbung zu spenden. Bergoglio ist überrascht. Einmal an Ort und Stelle, erklärt sie ihm den wahren Grund ihres Anrufs: Sie bittet ihn, die marxistischen Bücher ihrer Tochter an sich zu zu nehmen, die überwacht wird. Bergoglio willigt ein. Dennoch wird das 16-jährige Mädchen verschleppt. In ihrem Kampf um die Tochter wird Esther Balestrino de Careaga eine der Gründerinnen der Frauen-Bürgerrechtsbewegung »Mütter der Plaza de Mayo«. Die Tochter kommt frei. Doch dann wird die Mutter entführt. Sie stirbt am 8. Dezember 1977 bei einem der berüchtigten »Todesflüge«, bei denen die Henker der Diktatur Häftlinge unter Drogen setzen und über dem Atlantik aus Flugzeugen abwerfen.

## Die Richterin

Alicia Oliveira ist eine progressive Strafrichterin und Menschenrechtsaktivistin, die zu Beginn der Diktatur ihres Amtes enthoben wurde. Ähnlich wie mit Esther Balestrino, der früheren

Vorgesetzten, verbindet den Pater mit der Richterin Oliveira eine langewährende Freundschaft, die beide auch menschlich bereicherte. Es begann 1974 oder 1975, als der Jesuitenprovinzial zum Tribunal ging und an die Bürotür der Richterin klopfte, um wegen eines bestimmten Falles vorzusprechen. Die Diktatur stand bevor. Man teilte die Sorge, kam ins Gespräch. »Da er von meinem Engagement für die Menschenrechte wusste, fürchtete er um mein Leben«, erzählte Oliveria in »El Jesuita«. »Er schlug mir sogar vor, für eine Zeit im Jesuitenkolleg zu wohnen. Aber ich habe nicht eingewilligt und ihm mit einem witzigen Spruch geantwortet, der sich, gemessen an dem, was danach im Land geschah, als sehr unglücklich erwies: ›Lieber lasse ich mich von den Militärs ergreifen und festnehmen, als mit den Priestern leben zu müssen.‹«

Während der Diktatur musste Oliveira teils im Untergrund leben. Bergoglio half ihr hin und wieder, geheim ihre Kinder zu sehen. Der Kleinere besuchte eine Jesuitenschule in Salvador. Der Pater holte die untergetauchte Richterin aus der Wohnung von Freunden ab und brachte sie auf Schleichwegen zur Schule, wo sie im Innenhof mit ihrem Sohn sprechen konnte. Das Verhalten vieler argentinischer Bischöfe in der Diktatur beurteilt die Menschenrechtlerin kritisch. Doch Bergoglio nimmt sie von dieser Sicht ausdrücklich aus. Erleichtert war Alicia Oliveira, dass ihr priesterlicher Freund beim Konklave 2005 nicht zum Papst gewählt wurde: Sie hätte sich »verlassen gefühlt, weil er für mich fast wie ein Bruder ist, und außerdem brauchen wir Argentinier ihn.«

# Die Schutzbedürftige

In seinen Arbeit als Priester, Lehrer und Ordensmann kam Bergoglio in Argentinien mit einer Menge Frauen aus allen sozialen Schichten in Kontakt. Und zu vielen entwickelte er einen besonderen Draht. Auf seinem Schreibtisch im Arbeitszimmer als Kardinal von Buenos Aires stand ein kleines Gemälde von Daniela Pisarev (*1968), einer jungen jüdischen Freundin, Malerin und Kunstkritikerin, die er mit einem Katholiken getraut hatte.

Eine von vielen aus bescheideneren Verhältnissen ist Nora Mabel Castro, deren Erzählung die argentinische Papstbiografin Elisabetta Piqué einholte. Als Bergoglio Ordensprovinzial ist, findet Nora bei den Jesuiten als Katechetin eine Aufgabe. Ihre Eltern sind krank, er besorgt ihr einen Job in der Druckerei des Colegio Máximo, ist ihr Beichtvater. Sie erwägt, Missionarin zu werden, und sagt das dem Pater; sie sieht ihn immer auf dem Gang mit anderen Jesuiten, die Hände auf dem Rücken, Blick auf dem Boden, ins Zuhören vertieft auf- und abgehen.

»Er hörte zu und gab dann die Regeln aus, entschieden, mit Festigkeit. Einmal sagte ich ihm, ich möchte Missionarin werden und mit den Indigenen leben, und er antwortete: ›Nein, du kannst hier Missionarin werden – wir brauchen dich. Ach was, ich ernenne dich zur ersten Jesuitin.‹ Und er schenkte mir ein kleines Kreuz von jenen, wie sie auch die Jesuiten tragen, und da habe ich mit einem Finger den Himmel gestreift, auch wenn ich wusste, dass es keine Jesuitinnen gibt. Aber das, was er sagte, war für mich heilig, und so bin ich aus meiner Sicht heute noch die erste Jesuitin.«

Am 19. März 1988 feiert Bergoglio Noras Hochzeit mit Ricardo Nazario. Das Paar bekommt drei Kinder, doch fünf Jahre später stirbt der Mann bei einem Unfall. Nora fleht den Pater an, ihr

*Die Frauen am Weg des Jorge Mario Bergoglio*

bei der Arbeitssuche zu helfen. Er sagt: »Meinst du wirklich, du solltest mit drei kleinen Kindern arbeiten gehen? Du wärst zwölf Stunden pro Tag außer Haus. Das kommt gar nicht in Frage! Ich werden dir helfen, wie ich kann.« Von da an geht Nora jeden Monat zum Erzbistum und holt einen Umschlag ab. Drin ist ein Monatsgehalt. Und jedesmal, wenn sie ihn darum bitten will, für sie zu beten und sie zu segnen, kommt er ihr zuvor und sagt: »Bete für mich, Nora.«

## Die weiblichen Lieblingsheiligen

Eine toppt alle: die Gottesmutter. Weil sie nicht »irgendeine« Heilige ist, sondern das Modell, das Urbild der Kirche schlechthin. Maria genießt bei katholischen Gläubigen in Lateinamerika einen Grad der Verehrung, der in Europa fast unvorstellbar ist. Nicht umsonst liegt der größte Wallfahrtsort der Welt in Mexiko und gilt der Muttergottes. Das Gnadenbild der Madonna von Guadalupe zieht jedes Jahr 20 Millionen Pilger an.

In seiner Muttergottes-Verehrung ist Papst Franziskus ganz Sohn seiner Heimat. In Buenos Aires hat Bergoglio wahrscheinlich Tausende Andachtsbildchen verschenkt, die alle dasselbe Marien-Motiv zeigen. Abgebildet ist keine der populären lateinamerikanischen Madonnen (jene von Luján, Argentinien, wäre naheliegend gewesen), sondern eine alte deutsche Muttergottes: Maria Knotenlöserin. Sie ist im Begriff, Knoten in einem langen weißen Band zu lösen, das zwei Engel ihr hinreichen.

Das Original dieses Bildes hat Bergoglio bei seinem Aufenthalt in Deutschland kennengelernt. Es hängt in Augsburg in der Kirche Sankt Peter am Perlach und wurde um 1700 gemalt. Die Augsburger Madonna muss sich dem argentinischen Pater ins

Herz gesenkt haben. Er nahm eine Postkarte mit in die Heimat, ließ sie abmalen und dieses Bild dann drucken. »Irgendwann hält jeder, der seinen Rat sucht, ein solches Andachtsbild in den Händen«, schreibt der deutsche Papstbiograf Daniel Deckers.

Was Bergoglio an »Maria Knotenlöserin« so packt, erklärte er – Deckers zufolge – der Künstlerin, die 1996 die Replik anfertigte: »Knoten im persönlichen Leben, Knoten in der Familie, Knoten bei der Arbeit, Knoten im Gemeinschaftsleben. Alle diese Knoten, die nichts anders sind als Sünden, schwächen uns in unserem Glauben so sehr, dass die Gnade Gottes nicht ungehindert durch das Band unseres Lebens fließen kann.« Maria Entwirrerin, Maria Mittlerin der göttlichen Gnade. Das abgemalte Bild findet seinen Platz in der Kirche San José de Talar in Cordoba, wo Bergoglio zu der Zeit wirkt. Und es dauert nicht lange, da wird die Knotenlöserin Kult: Zu Mariä Empfängnis 1998 pilgern nicht weniger als 70.000 Gläubige zu der »importierten« Muttergottes, die die Sünden der Menschen in ihre Hände nimmt und mit Liebe und Geduld auflöst.

Die Knotenlöserin passt auch deshalb so gut zu Bergoglio, weil sie etwas Haptisches hat. Sie nutzt ihre Hände, das Band ist greifbar, ein Stück Textil, wie es in jedem Haushalt in Schubladen liegt. Die Knotenlöserin ist konkret. Vielleicht aus einem ähnlichen Grund verehrt Franziskus Thérèse von Lisieux, die »kleine« heilige Thérèse genannt wird zur Abgrenzung von der »großen« heiligen Teresa von Ávila, die ihrerseits zu den Lieblingsheiligen des Papstes zählt.

Thérèse von Lisieux – Theresia vom Kinde Jesus – taucht immer wieder in seinen Morgenpredigten auf, er zitiert die Kirchenlehrerin, um seine kurzen Impulse aufzulockern und ihnen Farbe zu verpassen. Sogar vor Bischofsversammlungen zitiert er aus den Schriften der französischen Karmelitin, die im Alter von

*Die Frauen am Weg des Jorge Mario Bergoglio*

24 Jahren starb, und ihre Werke gehören zu seiner Lieblings-Reiselektüre. Thérèses Eltern Louis Martin und Zélie Guérin sprach Franziskus während der Bischofssynode 2015 im Vatikan heilig und schenkte damit der von vielen Seiten bedrängten Institution Familie zwei neue Patrone. Heilige Eltern mit heiligen Töchtern; auch eine Schwester Thérèses ist seliggesprochen.

Als Erzbischof von Buenos Aires stand ein Bild »Teresinas« auf seinem Schreibtisch, gelegentlich daneben eine Schale mit weißen Rosen. »Wenn ich ein Problem habe«, so erzählte er den Journalisten Ambrogetti und Rubin, »bitte ich diese Heilige nicht, dass sie es lösen soll, sondern dass sie es in ihre Hände nehmen und mir helfen möge, es anzunehmen. Und als Zeichen erhalte ich fast immer eine weiße Rose.«

Maria Knotenlöserin und Thérèse von Lisieux: Beide nehmen die Dinge »in die Hände«. Das Konkrete lag auch Teresa von Ávila, der großen spanischen Mystikerin, Kirchenlehrerin und Ordensgründerin der Unbeschuhten Karmeliten aus dem 16. Jahrhundert. Teresa von Jesus – so ihr Ordensname – vereinte Organisationstalent mit Menschenkenntnis, Pragmatik mit Mystik. Nebenbei gilt sie als beste Literatin des spanischen »Siglo de oro«. Sie schätzte den plastischen, farbigen Ausdruck. Sätze wie »das Evangelium ist kein Sack voller Blei« oder »bete nicht um eine leichtere Last, sondern um einen stärkeren Rücken« könnten so, wie sie dastehen, von Papst Franziskus stammen. Besonders aber spricht ihn an Teresas Texten ihre tiefe, auf Gott gerichtete Freude an. »Ein Heiliger, der traurig ist, ist ein trauriger Heiliger«, zitiert Franziskus eines der berühmtesten Bonmots der Karmelitin. Oder: »Das Gebet besiegt den Pessimismus und bringt gute Werke hervor.« Franziskus: »Das ist der teresianische Realismus, der Werke statt Gefühle, Liebe statt

Träume fordert. Das ist der Realismus der demütigen Liebe gegenüber einer mühseligen Askese!«

Von der spanischen Heiligen ist übrigens auch die Aussage überliefert: »Ich werfe unserer Zeit vor, dass sie starke und zu allem Guten begabte Geister zurückstößt, nur weil es sich um Frauen handelt.« Mit Aussagen wie diesen ist Theresa heute eine Säulenheilige jener Theologie, die über den Platz der Frau in der Kirche nachdenkt – jener Theologie, zu der Papst Franziskus ausdrücklich ermutigt.

## PAPST FRANZISKUS IN SEINEN REDEN UND DOKUMENTEN

# Neue Räume öffnen

*Die Frau in der Kirche heute*

*Wir sind noch nicht weit gekommen mit dem Nachdenken über die Frau in der Kirche, meint Papst Franziskus. Heute muss die katholische Christenheit neue Wege finden, damit die Frauen sich nicht länger als bloße Gäste fühlen, sondern am gesellschaftlichen und kirchlichen Leben voll beteiligt sind. Und eilig ist es auch, bekundet der Papst.*

## Die Kirche kann nicht sie selbst sein ohne Frauen

Die Räume für eine wirkungsvollere weibliche Präsenz in der Kirche müssen weiter werden. Ich fürchte mich aber vor einem »Machismo im Rock«, denn Frauen sind anders strukturiert als Männer. Die Reden, die ich über die Rolle der Frau in der Kirche höre, sind oft von einer Männlichkeitsideologie inspiriert. Die Frauen stellen tiefe Fragen, denen wir uns stellen müssen. Die Kirche kann nicht sie selbst sein ohne Frauen und deren Rolle. Die Frau ist für die Kirche unabdingbar. Maria – eine Frau – ist wichtiger als die Bischöfe. Ich sage das, denn man darf Funktion und Würde nicht verwechseln. Man muss daher die Vorstellung der Frau in der Kirche vertiefen. Man muss noch mehr über eine gründliche Theologie der Frau arbeiten. Nur wenn man diesen Weg geht, kann man besser über die Funktion der Frau im Inneren der Kirche nachdenken. Der weibliche Genius ist nötig an den Stellen, wo wichtige Entscheidungen getroffen werden. Die Herausforderung heute ist: reflektieren über den spezifischen Platz der Frau gerade auch dort, wo in den verschiedenen Bereichen der Kirche Autorität ausgeübt wird.

(Interview mit Jesuitenzeitschriften, u. a. »Stimmen der Zeit«, 19. 11. 2013)


## Eine Kirche ohne Frauen wäre unfruchtbar

In der Mission, auch in der kontinentalen, ist es sehr wichtig, die Familie zu stärken, die eine wesentliche Zelle für die Gesellschaft und für die Kirche bleibt; die Jugendlichen zu stärken, die das zukünftige Gesicht der Kirche darstellen; die Frauen zu stärken, die eine grundlegende Rolle bei der Weitergabe des Glaubens spielen und die in ihrem täglichen Einsatz eine Kraft für die Gesellschaft bilden, die diese voranbringt und erneuert. Schränken wir den Einsatz der Frauen in der Kirche nicht ein, sondern fördern wir ihre aktive Rolle in der kirchlichen Gemeinschaft. Wenn die Kirche die Frauen verliert, in ihrer totalen und realen Dimension, riskiert sie, unfruchtbar zu werden.

(Vor brasilianischen Bischöfen in Aparecida, 27. 7. 2013)


## Mehr, zutiefst mehr, auch mystisch mehr

*Jean-Marie Guénois* (»Le Figaro«, gemeinsam mit dem Kollegen von »La Croix«): »Sie haben gesagt, dass die Kirche ohne die Frau an Fruchtbarkeit verliert. Welche konkreten Maßnahmen

*Neue Räume öffnen*

werden Sie ergreifen? Zum Beispiel das weibliche Diakonat oder eine Frau an der Spitze eines Dikasteriums?

*Papst Franziskus:* »... Eine Kirche ohne die Frauen ist wie das Apostelkollegium ohne Maria. Die Rolle der Frau in der Kirche ist nicht nur die Mutterschaft, die Mutter der Familie, sondern sie ist stärker: Sie ist wirklich die Ikone der Jungfrau Maria, der Gottesmutter; diejenige, die der Kirche hilft zu wachsen! Aber bedenkt, dass die Madonna wichtiger ist als die Apostel! ... Die Kirche ist weiblich: Sie ist Kirche, Braut, Mutter. Aber ... die Rolle der Frau in der Kirche darf nicht nur auf die der Mutter, der Arbeiterin hinauslaufen, eine eingeschränkte Rolle ... Nein! Es ist etwas anderes! ... Paul VI. hat etwas Wunderschönes über die Frauen geschrieben, doch ich glaube, dass man in der Verdeutlichung dieser Rolle und dieses Charismas der Frau noch weiter gehen muss. Man kann eine Kirche ohne Frauen nicht verstehen – aber Frauen, die in der Kirche aktiv sind, mit ihrem eigenen Profil, die alles voranbringen ... In der Kirche muss man ... an die Frauen denken aus der Perspektive riskanter, aber fraulicher Entscheidungen. Das muss noch besser verdeutlicht werden. Ich glaube, wir haben in der Kirche noch keine vertiefte Theologie der Frau entwickelt. Nur dass sie dies oder jenes tun kann: Jetzt ist sie Ministrantin, jetzt liest sie die Lesung, ist die Präsidentin der Caritas ... Aber es gibt mehr! Es muss eine tiefe Theologie der Frau entwickelt werden. Das ist es, was ich denke.«

*Ana Fereira* fragt noch einmal nach, wie sich die Beteiligung der Frauen in der Kirche gestalten soll: »Ich möchte wissen ... ob Sie auch an die Priesterweihe der Frauen denken bzw. was Sie davon halten.«

*Papst Franziskus:* »Ich möchte ein wenig erklären, was ich über die Beteiligung der Frauen in der Kirche gesagt habe: Sie darf nicht darauf beschränkt werden, dass sie Ministrantin oder

Präsidentin der Caritas oder Katechetin ist ... Nein! Es muss mehr sein, aber zutiefst mehr, auch mystisch mehr: Das ist es, warum ich von der Theologie der Frau gesprochen habe. In Bezug auf die Priesterweihe der Frauen hat die Kirche gesprochen, und sie sagt: Nein – Johannes Paul II. hat das gesagt, doch in definitiver Form. Diese Tür ist verschlossen, doch dazu möchte ich dir etwas sagen – ich habe es schon gesagt, aber ich wiederhole es –: Die Muttergottes, Maria, war wichtiger als die Apostel, die Bischöfe, die Diakone und die Priester. Die Frau ist in der Kirche wichtiger als die Bischöfe und die Priester – *wie:* Das ist es, was wir versuchen müssen besser zu klären, denn ich denke, es fehlt hier eine theologische Klärung.«

(Auf dem Flug von Brasilien nach Rom, 28. 7. 2013)

## Die Räume müssen erweitert werden

103. Die Kirche erkennt den unentbehrlichen Beitrag an, den die Frau in der Gesellschaft leistet, mit einem Feingefühl, einer Intuition und gewissen charakteristischen Fähigkeiten, die gewöhnlich typischer für die Frauen sind als für die Männer. Zum Beispiel die besondere weibliche Aufmerksamkeit gegenüber den anderen, die sich speziell, wenn auch nicht ausschließlich, in der Mutterschaft ausdrückt. Ich sehe mit Freude, wie viele Frauen pastorale Verantwortungen gemeinsam mit den Priestern ausüben, ihren Beitrag zur Begleitung von Einzelnen, von Familien oder Gruppen leisten und neue Anstöße zur theologischen Reflexion geben. Doch müssen die Räume für eine wirksamere weibliche Gegenwart in der Kirche noch erweitert werden. Denn »das weibliche Talent ist unentbehrlich in allen Ausdrucksfor-

men des Gesellschaftslebens; aus diesem Grund muss die Gegenwart der Frauen auch im Bereich der Arbeit garantiert werden« und an den verschiedenen Stellen, wo die wichtigen Entscheidungen getroffen werden, in der Kirche ebenso wie in den sozialen Strukturen.

104. Die Beanspruchung der legitimen Rechte der Frauen aufgrund der festen Überzeugung, dass Männer und Frauen die gleiche Würde besitzen, stellt die Kirche vor tiefe Fragen, die sie herausfordern und die nicht oberflächlich umgangen werden können. Das den Männern vorbehaltene Priestertum als Zeichen Christi, des Bräutigams, der sich in der Eucharistie hingibt, ist eine Frage, die nicht zur Diskussion steht, kann aber Anlass zu besonderen Konflikten geben, wenn die sakramentale Vollmacht zu sehr mit der Macht verwechselt wird. Man darf nicht vergessen, dass wir uns, wenn wir von priesterlicher Vollmacht reden, »auf der Ebene der Funktion und nicht auf der Ebene der Würde und der Heiligkeit« befinden. Das Amtspriestertum ist eines der Mittel, das Jesus zum Dienst an seinem Volk einsetzt, doch die große Würde kommt von der Taufe, die allen zugänglich ist. Die Gleichgestaltung des Priesters mit Christus, dem Haupt – das heißt als Hauptquelle der Gnade – schließt nicht eine Erhebung ein, die ihn an die Spitze alles Übrigen setzt. In der Kirche begründen die Funktionen »keine Überlegenheit der einen über die anderen«. Tatsächlich ist eine Frau, Maria, bedeutender als die Bischöfe. Auch wenn die Funktion des Amtspriestertums sich als »hierarchisch« versteht, muss man berücksichtigen, dass sie »ganz für die Heiligkeit der Glieder Christi bestimmt« ist. Ihr Dreh- und Angelpunkt ist nicht ihre als Herrschaft verstandene Macht, sondern ihre Vollmacht, das Sakrament der Eucharistie zu spenden; darauf beruht ihre Autorität, die immer ein Dienst

am Volk ist. Hier erscheint eine große Herausforderung für die Hirten und für die Theologen, die helfen könnten, besser zu erkennen, was das dort, wo in den verschiedenen Bereichen der Kirche wichtige Entscheidungen getroffen werden, in Bezug auf die mögliche Rolle der Frau mit sich bringt.

(»Evangelii gaudium«, 24. 11. 2013)

## Ja zu Beförderungen – doch Beförderungen allein genügen nicht

*(Frage:)* Wie kann man die Rolle der Frau in der Kirche fördern?

Auch hier hilft Spitzfindigkeit nicht weiter. Es stimmt, dass die Frau an den Orten der Entscheidung noch mehr präsent sein kann und muss. Aber das würde ich eine Beförderung funktionaler Art nennen. So allein kommt man nicht weit. Man muss eher daran denken, dass »Kirche« den weiblichen Artikel hat: die. Sie ist von Anfang an weiblich. Der große Theologe Hans Urs von Balthasar hat viel über dieses Thema gearbeitet: Das marianische Prinzip leitet die Kirche, zusammen mit dem Petrus-Prinzip. Die Jungfrau Maria ist wichtiger als jeder Bischof und jeder Apostel. Die theologische Vertiefung ist im Gang.

(Interview mit dem »Corriere della Sera«, 5. 3. 2014, eigene Übersetzung)

# Ich leide, wenn der Dienst der Frau in der Kirche zur Fronarbeit abgleitet

Ich teile mit euch die Gedanken, wenn auch nur kurz, über das wichtige Thema, das ihr in diesen Tagen behandelt: die Berufung und Sendung der Frau in unserer Zeit. Ich danke euch für euren Beitrag. Anlass war der 25. Jahrestag des Apostolischen Schreibens »Mulieris dignitatem« von Papst Johannes Paul II.: ein historisches Dokument, das erste des päpstlichen Lehramtes, das gänzlich dem Thema der Frau gewidmet war. Ihr habt insbesondere jenen Punkt vertieft, wo es heißt, dass Gott der Frau in einer besonderen Weise den Menschen anvertraut.

Was bedeutet dieses »in besonderer Weise anvertrauen«, das besondere Anvertrautsein des Menschen an die Frau? Es scheint mir offensichtlich, dass mein Vorgänger sich hier auf die Mutterschaft bezieht. Viele Dinge können sich ändern und haben sich mit der kulturellen und sozialen Entwicklung geändert, aber es bleibt die Tatsache bestehen, dass es die Frau ist, die die Menschenkinder empfängt, in ihrem Schoß trägt und gebiert. Und das ist nicht nur ein rein biologisches Faktum, sondern es beinhaltet eine Fülle von Implikationen sowohl für die Frau selbst, für ihre Art des Seins, als auch für ihre Beziehungen, für ihre Art, sich zum menschlichen Leben und zum Leben allgemein in Beziehung zu setzen. Indem Gott die Frau zur Mutterschaft berufen hat, hat er ihr in ganz besonderer Weise den Menschen anvertraut.

Hier aber gibt es stets zwei Gefahren, zwei gegensätzliche Extreme, die der Frau und ihrer Berufung die Lebenskraft nehmen. Die erste Gefahr besteht darin, die Mutterschaft auf eine gesellschaftliche Rolle zu reduzieren, auf eine wenn auch edle Aufgabe, die aber die Frau mit ihren Pozentialitäten abseits stehen und sie beim Aufbau der Gemeinschaft nicht voll zur Geltung kommen lässt – sowohl im zivilen als auch im kirchlichen Bereich.

*Die andere Gefahr: überzogene Emanzipation*
Und als Reaktion darauf gibt es die andere Gefahr, in gegensätzlicher Richtung, das heißt eine Art von Emanzipation zu fördern, die – um die dem Männlichen entzogenen Räume zu besetzen –, das Weibliche mit seinen wertvollen charakteristischen Zügen aufgibt. Und hier möchte ich betonen, dass die Frau eine besondere Sensibilität für »die Dinge Gottes« hat, vor allem um uns zu helfen, die Barmherzigkeit, die Zärtlichkeit und die Liebe zu verstehen, die Gott für uns hat. Ich denke auch gerne daran, dass es nicht heißt »der« Kirche, sondern »die« Kirche. Die Kirche ist Frau, ist Mutter, und das ist schön. Darüber solltet ihr nachdenken und es vertiefen.

Das apostolische Schreiben »Mulieris dignitatem« steht in diesem Kontext und bietet eine tiefgehende, systematische Reflexion auf einer soliden anthropologischen Basis, die von der Offenbarung erhellt wird. Von hier müssen wir erneut ausgehen im Hinblick auf jene Arbeit der Vertiefung und Förderung, die ich schon bei mehreren Anlässen gewünscht habe. Auch in der Kirche ist es wichtig, sich zu fragen: Wie ist die Präsenz der Frau? Ich leide – ich sage die Wahrheit –, wenn ich in der Kirche oder in einigen kirchlichen Organisationen sehe, dass die Rolle des Dienens – die wir alle haben und haben müssen –, dass die Rolle des Dienens der Frau in Richtung einer Rolle des »servidumbre« [Fronarbeit] abgleitet. Ich weiß nicht, ob man auf Italienisch so sagt.

Versteht ihr mich? Dienst. Wenn ich Frauen sehe, die Dinge des »servidumbre« tun, das bedeutet, dass man nicht recht versteht, was eine Frau tun soll.

*Eine Realität, die mir sehr am Herzen liegt*
Welche Präsenz hat die Frau in der Kirche? Kann sie stärker gewürdigt werden? Das ist eine Realität, die mir sehr am Herzen liegt und deshalb wollte ich euch begegnen – im Widerspruch zum Reglement, denn eine Begegnung dieser Art ist nicht vorgesehen – und euch und euren Einsatz segnen. Danke, tragen wir ihn gemeinsam weiter! Maria, eine große Frau, die Mutter Jesu und aller Kinder Gottes, möge uns begleiten. Danke.

(An die Teilnehmer eines Vatikankongresses über »Mulieris dignitatem«, 12.10.2013)


## Eine Herausforderung, die nicht mehr aufgeschoben werden darf

Es gilt, neue Kriterien und Wege zu finden, damit die Frauen sich nicht als Gäste fühlen, sondern an den verschiedenen Bereichen des gesellschaftlichen und kirchlichen Lebens voll beteiligt sind. Die Kirche ist Frau, es ist »die« Kirche, nicht »der« Kirche. Das ist eine Herausforderung, die nicht mehr aufgeschoben werden darf. Ich sage das den Hirten der christlichen Gemeinschaften, die als Vertreter der Universalkirche hier sind, aber auch den Frauen und Männern im Laienstand, die auf verschiedene Weise in der Kultur, in Erziehung und Bildung, in der Wirtschaft, in der Politik, in der Welt der Arbeit, in den Familien, in den religiösen Einrichtungen tätig sind.

Die Themenfolge, die ihr für den Ablauf der Arbeit dieser Tage – eine Arbeit, die sicher auch in Zukunft fortgesetzt werden wird – geplant habt, gestattet es mir, euch einen Weg aufzuzeigen und einige Leitlinien zu geben, um diese Tätigkeit in allen Teilen der Erde, im Herzen aller Kulturen, im Dialog mit den verschiedenen Religionszugehörigkeiten zu entfalten.

*Gleichheit und Unterschiedlichkeit erkennt man besser im »mit« als im »gegen«*
Das erste Thema lautet »Zwischen Gleichheit und Verschiedenheit: auf der Suche nach einem Gleichgewicht«, nach einem Gleichgewicht jedoch, das nicht nur ausgewogen, sondern das harmonisch ist. Dieser Aspekt darf nicht unter ideologischem Blickwinkel behandelt werden, denn die »Brille« der Ideologie verhindert es, die Wirklichkeit gut zu sehen. Gleichheit und Unterschiedlichkeit der Frauen – wie im Übrigen auch der Männer – erkennt man besser in der Perspektive des »Mit«, in der Beziehung, als in der des »Gegen«.

Schon lange haben wir, zumindest in den westlichen Gesellschaften, das Modell der gesellschaftlichen Unterordnung der Frau gegenüber dem Mann hinter uns gelassen – ein uraltes Modell, dessen negative Auswirkungen jedoch nie ganz erschöpft sind. Wir haben auch ein zweites Modell überwunden: die reine und einfache Parität, die automatisch angewandt wird, und die absolute Gleichheit. So hat sich ein neues Paradigma gebildet, das Paradigma von Gegenseitigkeit in Gleichwertigkeit und Unterschiedlichkeit. In der Beziehung zwischen Mann und Frau sollte also anerkannt werden, dass beide notwendig sind, da sie zwar eine identische Natur besitzen, aber mit eigenen Ausprägungen. Die Frau ist notwendig für den Mann und umgekehrt, damit die Person wirklich zu ganzer Fülle gelangt.

*Ihr Frauen versteht es, das zärtliche Antlitz Gottes zu verkörpern*
Das zweite Thema: »Die ›Generativität‹ als symbolischer Code«. Es richtet einen tiefen Blick auf alle Mütter und erweitert die Per-

spektive zur Weitergabe und zum Schutz des Lebens, was sich nicht auf die biologische Sphäre beschränkt. Wir können das mit vier Verben zusammenfassen: »wünschen«, »zur Welt bringen«, »Sorge tragen« und »loslassen«. In diesem Bereich habe ich den Beitrag vieler Frauen, die in der Familie, im Bereich der Glaubenserziehung, in der Pastoralarbeit, in der schulischen Ausbildung, aber auch in den sozialen, kulturellen und wirtschaftlichen Strukturen tätig sind, vor Augen und ermutige ihn. Ihr Frauen versteht es, das zärtliche Antlitz Gottes zu verkörpern, seine Barmherzigkeit, die zur Bereitschaft wird, lieber Zeit zu schenken als Räume zu besetzen sowie anzunehmen statt auszuschließen.

In diesem Sinne beschreibe ich die weibliche Dimension der Kirche gern als Schoß, der empfängt und neues Leben hervorbringt. Das dritte Thema – »Der weibliche Leib zwischen Kultur und Biologie« – ruft uns die Schönheit und die Harmonie des Leibes ins Gedächtnis, den Gott der Frau geschenkt hat, aber auch die schmerzhaften Wunden, die ihnen als Frauen zugefügt werden, manchmal mit grausamer Gewalt. Der weibliche Leib, das Symbol des Lebens, wird leider nicht selten angegriffen und verunstaltet, auch von jenen, die ihre Beschützer und Gefährten sein sollten.

Die vielen Formen der Sklaverei, der Vermarktung, der Verstümmelung des Leibes der Frau verpflichten uns daher, uns dafür einzusetzen, diese Form der Herabwürdigung zu überwinden, die ihn zum reinen Objekt macht, das auf verschiedenen Märkten verschleudert wird. In diesem Zusammenhang möchte ich die Aufmerksamkeit auf die schmerzliche Situation vieler armer Frauen lenken, die gezwungen sind, in bedrohlichen Situationen, in Situationen der Ausbeutung zu leben, in die Randgebiete der Gesellschaft verbannt und zu Opfern einer Wegwerfkultur gemacht.

*Eine einflussreichere weibliche Präsenz in den Gemeinden ist wünschenswert*
Viertes Thema: »Die Frauen und die Religion: Flucht oder Streben nach Teilnahme am Leben der Kirche?« Hier sind besonders die Gläubigen auf den Plan gerufen. Ich bin von der Dringlichkeit überzeugt, den Frauen im Leben der Kirche Räume zu bieten und sie anzunehmen, unter Berücksichtigung der besonderen und veränderten kulturellen und gesellschaftlichen Mentalität. Eine flächendeckendere und einflussreichere weibliche Präsenz in den Gemeinden ist daher wünschenswert, so dass wir viele Frauen in der pastoralen Verantwortung, in der Begleitung von Personen, Familien und Gruppen sehen konnen, ebenso wie in der theologischen Reflexion.

*Auch nicht vergessen: die unersetzliche Rolle der Frau in der Familie*
Die unersetzliche Rolle der Frau in der Familie darf nicht vergessen werden. Die Gaben der Einfühlsamkeit, der besonderen Sensibilität und Zärtlichkeit, an denen das weibliche Herz reich ist, stellen nicht nur eine echte Kraft für das Leben der Familien, für die Ausstrahlung einer Atmosphäre der Ruhe und der Harmonie dar, sondern sie sind auch eine Wirklichkeit, ohne die die menschliche Berufung nicht umgesetzt werden könnte. Außerdem geht es darum, die wirkkräftige Präsenz der Frauen in vielen Bereichen des öffentlichen Lebens zu ermutigen und zu fördern – in der Welt der Arbeit und an den Orten, an denen die wichtigsten Entscheidungen getroffen werden – und gleichzeitig ihre Präsenz und ihre vorrangige und ganz besondere Aufmerk-

samkeit in der Familie und für die Familie aufrechtzuerhalten. Man darf die Frauen nicht damit alleinlassen, diese Last zu tragen und Entscheidungen zu treffen, sondern alle Institutionen, einschließlich der kirchlichen Gemeinschaft, sind aufgerufen, den Frauen die Entscheidungsfreiheit zu gewährleisten, damit sie die Möglichkeit haben, auf eine mit dem Familienleben harmonische Weise in Gesellschaft und Kirche Verantwortung zu übernehmen.

(An die Teilnehmer der Vollversammlung des Päpstlichen Rates für die Kultur, 7. 2. 2015)

## Was Theologinnen können

In diesem Licht möchte ich in Bezug auf die immer diversifiziertere Zusammensetzung der Kommission auf die größere Präsenz von Frauen hinweisen – noch ist sie nicht sehr viel größer … sie sind »das Sahnehäubchen [wörtlich: die Erdbeeren] auf der Torte«, aber man muss noch mehr tun –, eine Präsenz die einlädt, über die Rolle nachzudenken, die Frauen auf dem Gebiet der Theologie haben können und müssen. Denn »die Kirche erkennt den unentbehrlichen Beitrag an, den die Frau in der Gesellschaft leistet, mit einem Feingefühl, einer Intuition und gewissen charakteristischen Fähigkeiten, die gewöhnlich typischer für die Frauen sind als für die Männer. … Ich sehe mit Freude, wie viele Frauen … neue Anstöße zur theologischen Reflexion geben« (apostolisches Schreiben »Evangelii gaudium«, 103). So können die Theologinnen kraft ihres weiblichen Genius zum Wohl aller gewisse unerforschte Aspekte des unergründlichen Mysteriums Christi hervorheben, in dem »alle Schätze der Weisheit und Erkenntnis verborgen« sind (Kol 2,3). Ich lade euch daher ein, mehr von diesem spezifischen Beitrag der Frauen zum Verständnis des Glaubens zu profitieren.

(An die Mitglieder der Internationalen Theologischen Kommission, 5. 12. 2014)

# Der ungehobene Schatz

## Was Frauen und Laien einbringen

*Dass die Frau das Priesteramt nicht ausüben kann, heißt nicht, dass sie weniger wert wäre als der Mann. Bitte kein Klerikalismus, sagt Franziskus – der behindert, statt zu beflügeln. Was Laien tun, kann nicht vom Priester gewissermaßen miterledigt werden. Die Kirche braucht die Frauen als Frauen.*

## Religion ohne Frau wird machohaft

Im Katholizismus leiten viele Frauen einen Wortgottesdienst, aber das Priesteramt können sie nicht ausüben, weil im Christentum der höchste Priester Jesus ist, ein Mann. Und die theologisch begründete Tradition ist, dass das Priestertum sich über den Mann definiert. Die Frau hat im Christentum eine anderen Funktion, wiedergespiegelt in der Gestalt Marias. Sie ist diejenige, die die Gesellschaft schützt und einhegt: die Mutter der Gemeinschaft. Die Frau hat die Gabe der Mütterlichkeit, der Zärtlichkeit; wenn all diese Reichtümer nicht integriert werden, wird eine Religionsgemeinschaft nicht nur zu einer machohaften, sondern auch zu einer kargen, harten und im schlechten Sinn sakralisierten Gesellschaft. Dass die Frau das Priesteramt nicht ausüben kann, heißt nicht, dass sie weniger wert wäre als der Mann. In unserer Auffassung steht die Jungfrau Maria sogar über den Aposteln. Einem Mönch aus dem 2. Jahrhundert zufolge gibt es unter den Christen drei weibliche Dimensionen: Maria, als Mutter des Herrn, die Kirche und die Seele. Die Präsenz des Weiblichen ist in der Kirche nicht so sehr herausgestellt worden, weil die Versuchung des Machismo keinen Raum dafür gelassen hat, den Platz sichtbar zu machen, der den Frauen in der Gemeinschaft zusteht.

(Aus: Jorge Bergoglio / Abraham Skorka, »Über Himmel und Erde«. Jorge Bergoglio im Gespräch mit dem Rabbiner Abraham Skorka. Das persönliche Credo des neuen Papstes, © 2013 Riemann Verlag München in der Verlagsgruppe Random House. Übersetzung: S. Kleemann / M. Strobel)

## Die Stelle, auf die am meisten eingedroschen wird, ist immer die wichtigste

Wenn wir Christen von der Kirche sprechen, dann tun wir das in der weiblichen Form. Christus vermählt sich mit der Kirche, einer Frau. Die Stelle, an der man die meisten Angriffe erfährt, auf die am meisten eingedroschen wird, ist immer die wichtigste. Der Feind der menschlichen Natur – Satan – schlägt dorthin, wo es am meisten Erlösung, am meisten Übermittlung des Lebens gibt, und so kommt es, dass in der Geschichte die Frau – als existenzieller Ort – am meisten geschlagen wurde. Sie ist benutzt worden, man hat sie zur Geldmacherei und Sklaverei missbraucht, sie wurde in die zweite Reihe abgeschoben. Aber in der Heiligen Schrift haben wir Fälle heldenhafter Frauen, die uns übermitteln, was Gott von ihnen denkt, wie Rut, Judit ... Gern hinzufügen möchte ich noch, dass der Feminismus als alleinige Philosophie denjenigen, die er zu vertreten behauptet, keinen Gefallen tut, denn er setzt sie auf eine Ebene des Kampfs um An-

*Der ungehobene Schatz*

sprüche, und die Frau ist sehr viel mehr als das. Die Kampagne der Feministinnen aus den 1920er Jahren [das von ihnen geforderte Frauenwahlrecht wurde in Argentinien 1947 eingeführt] erreichte ihr Ziel und war damit zu Ende. Aber eine andauernde feministische Philosophie gibt der Frau auch nicht die Würde, die sie verdient. Karikierend würde ich sagen, sie läuft Gefahr, ein Machismos mit Rock zu werden.

(Aus: Jorge Bergoglio / Abraham Skorka, »Über Himmel und Erde«. Jorge Bergoglio im Gespräch mit dem Rabbiner Abraham Skorka. Das persönliche Credo des neuen Papstes, © 2013 Riemann Verlag München in der Verlagsgruppe Random House. Übersetzung: S. Kleemann / M. Strobel)


## Das weinende Mädchen in Manila

*In der Hauptstadt der Philippinen traf Franziskus im Rahmen einer offiziellen Begegnung ein zwölfjähriges Mädchen, das ihm eine Frage stellte. Glyzelle Palomar hatte als Straßenkind Gewalt und Missbrauch erlebt, ehe sie von einer katholischen Einrichtung gerettet wurde. Ihre Frage lautete: »Warum lässt Gott das zu?« Franziskus, erschüttert von der unter Tränen vorgebrachten Erzählung des Kindes, umarmte das Mädchen, legte seine vorbereitete Rede zur Seite und sprach über das, was Glyzelle die Kirche lehrt.*

Ein Wörtchen ... über die spärliche Präsenz der Damenwelt hier! Allzu spärlich! Die Frauen haben uns viel zu sagen in der heutigen Gesellschaft. Manchmal sind wir zu chauvinistisch und lassen der Frau keinen Raum. Doch die Frau ist fähig, die Dinge mit anderen Augen zu sehen als die Männer. Die Frau ist fähig,

Fragen zu stellen, die wir Männer nicht in der Lage sind auf den Punkt zu bringen. Gebt Acht: Sie [er zeigt auf Glyzelle] hat heute die einzige Frage gestellt, auf die es keine Antwort gibt. Und es fehlten ihr die Worte, sie musste es uns mit ihren Tränen sagen. Wenn also der nächste Papst nach Manila kommt, dann mögen bitte mehr Frauen da sein! [Applaus].

Nur wenn wir fähig sind, über das, was ihr erlebt habt, zu weinen, können wir etwas begreifen und etwas antworten. Die große Frage für alle: Warum das Leid der Kinder? Warum müssen die Kinder leiden? Erst wenn das Herz dahin gelangt, sich die Frage zu stellen und zu weinen, können wir etwas begreifen. Es gibt ein weltliches Mitleid, das uns nichts nützt! Ihr habt etwas davon erzählt. Ein Mitleid, das uns höchstens dazu bringt, mit der Hand in die Tasche zu greifen und eine Münze zu geben. Du hast das angesprochen. Wenn Christus dieses Mitleid gehabt hätte, wäre er vorbeigekommen, hätte drei oder vier Menschen geheilt und wäre zum Vater zurückgekehrt. Erst als Christus weinte und fähig war zu weinen, hat er unsere Tragödien verstanden.

*Der Welt von heute fehlt das Weinen*

Liebe junge Freunde und Freundinnen, der Welt von heute fehlt das Weinen! Es weinen die Ausgegrenzten, es weinen die Ausgeklammerten, es weinen die Verachteten, doch diejenigen, die wie wir ein mehr oder weniger sorgenfreies Leben führen, verstehen nicht zu weinen. Gewisse Realitäten des Lebens sieht man nur mit Augen, die durch Tränen reingewaschen sind. Ich lade jeden von euch ein, sich zu fragen: Habe ich gelernt zu weinen? Habe ich gelernt zu weinen, wenn ich ein hungriges Kind sehe, ein Kind unter Drogeneinfluss auf der Straße, ein obdachloses, ein verlassenes Kind, ein missbrauchtes Kind, ein von der Gesellschaft als Sklave benutztes Kind? Oder ist mein Weinen das eigensinnige Weinen dessen, der weint, weil er gerne noch mehr haben möchte? – Das ist das Erste, was ich euch sagen möchte: Lernen wir zu weinen, wie sie [Glyzelle] uns heute gelehrt hat. Vergessen wir dieses Zeugnis nicht! Die große Frage: Warum das Leiden der Kinder? hat sie weinend gestellt, und die große Antwort, die wir alle geben können ist, weinen zu lernen.

Jesus – im Evangelium – hat geweint. Er weinte um seinen verstorbenen Freund. Er weinte in seinem Herzen um diese Familie, die ihre Tochter verloren hatte. Er weinte in seinem Herzen, als er diese arme Witwe sah, die ihren Sohn zu Grabe trug. Er war innerlich bewegt und weinte in seinem Herzen, als er die Menschenmenge wie Schafe ohne Hirten sah. Wenn Ihr nicht lernt zu weinen, seid Ihr keine guten Christen. Und das ist eine Herausforderung. Und wenn sie uns fragen: Warum leiden die Kinder? Warum geschieht dies oder jenes Traurige im Leben? – dann möge unsere Antwort entweder Schweigen sein oder ein Wort, das aus Tränen geboren ist. Seid mutig, habt keine Angst zu weinen!

(Begegnung mit Jugendlichen in Manila, 18. 1. 2015)


## Die Sichtweise der Frauen beruht auf einem anderen, größeren Reichtum

*Bei der »fliegenden Pressekonferenz« auf der Rückreise von Manila nach Rom kam der Papst nochmals auf Glyzelle zu sprechen.*

Eines der Dinge, die man verliert, wenn zu großer Wohlstand herrscht oder die Werte nicht richtig verstanden werden oder wir an die Ungerechtigkeit, an diese Wegwerfkultur gewöhnt sind, ist die Fähigkeit zu weinen. Es ist eine Gnade, um die wir bitten müssen. ... Denn das Weinen erschließt deinem Verständnis neue Wirklichkeiten oder neue Dimensionen der Wirklichkeit. Das ist es, was das Mädchen gesagt hat, und auch, was ich ihr gesagt habe. Sie war die Einzige, die jene Frage gestellt hat, die man nicht beantworten kann: »Warum leiden die Kinder?« Der große Dostojewski hat sie sich gestellt und konnte keine Antwort finden: Warum leiden die Kinder? Sie mit ihren Tränen ... eine Frau, die weinte. Wenn ich sage, dass es wichtig ist, die Frauen in der Kirche mehr miteinzubeziehen, dann geht es nicht nur darum, ihnen eine Stellung als Sekretärin eines Dikasteriums zu geben – das mag gehen. Nein, ich tue es, damit sie uns sagen, wie sie die Wirklichkeit empfinden und sehen, denn die Sichtweise der Frauen beruht auf einem anderen, größeren Reichtum.

(Auf dem Flug von Manila nach Rom, 19. 1. 2015)

## Darf ich Sie fragen, ob wir Kardinälinnen haben werden?

Das war eine witzige Bemerkung, die irgendwo aufkam. Die Frauen müssen in der Kirche wertgeschätzt, aber nicht »klerikalisiert« werden. Wer an Frauen als Kardinäle denkt, leidet ein wenig an Klerikalismus.

(Interview mit »La Stampa«, 15. 12. 2013, eigene Übersetzung)

*Der ungehobene Schatz*

## Der Laie muss Laie sein

Sie sprachen über den Klerikalismus. Das ist eines der Übel, es ist eines der Übel der Kirche. Es ist jedoch ein »beiderseitiges« Übel, denn die Priester mögen die Versuchung, die Laien zu klerikalisieren, und viele Laien wiederum bitten auf Knien darum, klerikalisiert zu werden, weil es bequemer ist. Es ist bequemer! Es ist eine Sünde, bei der eine Hand die andere wäscht! Wir müssen diese Versuchung überwinden.

Der Laie muss Laie sein, getauft, er hat die Kraft, die aus seiner Taufe kommt. Diener, aber mit seiner Berufung als Laie, und das ist nicht veräußerlich, nicht verhandelbar, man darf nicht Komplize des anderen sein … Nein. Ich bin so! Denn da geht Identität verloren. Oft habe ich das in meinem Heimatland gehört: »Wissen Sie, in meiner Pfarrei habe ich einen hervorragenden Laien: Der Mann kann organisieren … Eminenz, warum machen wir ihn nicht zum Diakon?« Das ist der Vorschlag des Priesters, sofort: klerikalisieren … diesen Laien, machen wir es … Und warum? Weil der Diakon, der Priester wichtiger ist als der Laie? Nein. Das ist der Irrtum. Ist er ein guter Laie? Dann soll er so weitermachen und darin wachsen. Denn da geht Identität, christliche Zugehörigkeit verloren.

*Klerikalismus verhindert das Wachstum des Laien*
Für mich verhindert der Klerikalismus das Wachstum des Laien. Denkt aber daran, was ich gesagt habe: Es ist eine beiderseitige Versuchung. Denn es gäbe keinen Klerikalismus, wenn es nicht Laien gäbe, die klerikalisiert werden wollen. Harmonie: Auch das ist eine weitere Harmonie, denn die Funktion des Laien kann nicht vom Priester erfüllt werden, und der Heilige Geist ist frei: Manchmal inspiriert er den Priester, etwas zu tun, an-

dere Male inspiriert er den Laien. Im Pastoralrat spricht man miteinander. Die Pastoralräte sind so wichtig: Eine Pfarrei – und hier zitiere ich den Codex des Kanonischen Rechtes – eine Pfarrei, die keinen Pastoralrat und keinen Verwaltungs- und Wirtschaftsrat hat, ist keine gute Pfarrei: Es fehlt ihr an Leben.

(Vor dem Medienverband »Corallo«, 22. 3. 2014)


## Die Laien besitzen eine Kraft, die nicht immer in rechter Weise genutzt wird

Häufig klerikalisieren die Pfarrer die Laien, und diese verlangen auch noch danach. Und das ist eine sündhafte Komplizenschaft. Die Laien besitzen aber eine Kraft, die nicht immer in rechter Weise genutzt wird. Vergegenwärtigen wir uns nur: Dafür, dass man auf die Menschen zugehen kann, kann es schon genügen, dass man die Taufe empfangen hat. Mir kommen die christlichen Gemeinden in Japan in den Sinn, die mehr als 200 Jahre lang ohne Priester blieben. Als die Missionare zurückkamen, fanden sie alle getauft, im Glauben unterwiesen und gültig durch die Kirche getraut vor. Außerdem erfuhren sie, dass alle, die gestorben waren, ein katholisches Begräbnis erhalten hatten. Der Glaube war intakt geblieben – und das durch die Gaben der Gnade, die das Leben der Laien bestimmten, die nur die Taufe empfangen hatten und doch ihren apostolischen Dienst leben konnten.

(Aus: Papst Franziskus, »Mein Leben, mein Weg. El Jesuita: Die Gespräche mit Jorge Mario Bergoglio« von Sergio Rubin und Francesca Ambrogetti, übersetzt von E. Münzebrock / M. Öfele / U. Ruh / M. Maier, © Verlag Herder, Freiburg i. Br. 2013)

*Der ungehobene Schatz*

# Christ wird man nicht im Labor

*Die Kirche ist Mutter*

*Wir Christen sind keine Waisen, wir haben eine Mutter: Mutter Kirche. Eine Mutter, die uns stillt mit dem Wort Gottes, eine, die uns immer am Herzen hat, die uns mutig verteidigt, uns lehrt und uns Jesus zeigt. Zugleich aber sind das wir, alle Getauften zusammen: die Kirche. Das ist ein Auftrag mit Verantwortung, sagt Franziskus. Denn solcherart ist jeder von uns zugleich Kind und Mutter: Kind der Kirche und »Mutter anderer Christen«.*

## Wir sind eine Familie, alle von der einen Mutter

Heute beginne ich eine Katechesenreihe über die Kirche – ein wenig wie ein Sohn, der über seine eigene Mutter spricht, über die eigene Familie. Über die Kirche zu sprechen bedeutet, über unsere Mutter, über unsere Familie zu sprechen. Denn die Kirche ist keine Institution, die zu ihrem eigenen Nutzen erschaffen wurde, und auch kein privater Verein, keine Nichtregierungsorganisation, und schon gar nicht darf man den Blick auf den Klerus oder auf den Vatikan beschränken …

»Die Kirche meint …« Die Kirche sind wir doch alle! »Von wem sprichst du?« »Von den Priestern, oder?« Ja, die Priester gehören zur Kirche, aber die Kirche sind wir alle! Man darf sie nicht auf die Priester, auf die Bischöfe, auf den Vatikan beschränken ... Sie gehören zur Kirche, aber die Kirche sind wir alle. Wir sind alle eine Familie, alle von der einen Mutter.

(Generalaudienz, 18. 6. 2014)

## Maria ist Mutter ist Kirche

Unser Glaube ist keine abstrakte Lehre oder eine Philosophie, sondern er ist die lebendige und volle Beziehung zu einer Person: zu Jesus Christus. Wo können wir ihm begegnen? Wir begegnen ihm in der Kirche, in unserer heiligen hierarchischen Mutter Kirche. Es ist die Kirche, die heute sagt: »Seht das Lamm Gottes«; die Kirche ist es, die ihn verkündet; in der Kirche führt Jesus sein gnadenvolles Handeln in den Sakramenten fort.

Dieses Tun und diese Sendung der Kirche drückt ihre *Mutterschaft* aus. In der Tat ist sie wie eine Mutter, die Jesus mit zärtlicher Liebe hütet und ihn freudig und großherzig allen schenkt. Keine Offenbarung Christi, auch nicht eine noch so mystische, kann je vom Leib und Blut der Kirche, von der geschichtlichen Konkretheit der Leibes Christi losgelöst werden. Ohne die Kirche wird Jesus schließlich auf eine Idee, auf eine Moral, auf ein Gefühl reduziert. Ohne die Kirche wäre unsere Beziehung zu Christus unserer Fantasie, unseren Interpretationen, unseren Launen preisgegeben.

Liebe Brüder und Schwestern! *Jesus Christus ist der Segen* für jeden Menschen und für die gesamte Menschheit. Indem die Kirche uns Jesus schenkt, bietet sie uns die Fülle des Segens des Herrn. Genau das ist die Sendung des Gottesvolkes: über alle Völker den in Jesus Christus menschgewordenen Segen Gottes auszustrahlen. Und Maria, die erste und vollkommene Jüngerin

Jesu, die erste und vollkommene Glaubende, das Vorbild der pilgernden Kirche, ist diejenige, die diesen Weg der *Mutterschaft der Kirche* eröffnet und stets ihre mütterliche, an alle Menschen gerichtete Sendung unterstützt. Ihr taktvolles und mütterliches Zeugnis begleitet die Kirche von Anfang an. Sie, die Mutter Gottes, ist auch Mutter der Kirche, und durch die Kirche ist sie Mutter aller Menschen und aller Völker.

(Predigt, 1. 1. 2015)


## Heilige Mutter, hierarchische Kirche

In der Anwesenheit und im Dienst der Bischöfe, Priester und Diakone können wir das wahre Antlitz der Kirche erkennen: Sie ist die heilige Mutter, die hierarchische Kirche. Und tatsächlich übt die Kirche durch diese vom Herrn erwählten und durch das Weihesakrament geweihten Brüder ihre Mutterschaft aus: Sie bringt uns in der Taufe als Christen hervor und lässt uns in Christus neu geboren werden; sie wacht über unser Wachstum im Glauben; sie begleitet uns in die Arme des Vaters, um seine Vergebung zu empfangen; sie bereitet für uns das eucharistische Mahl, wo sie uns mit dem Wort Gottes und dem Leib und Blut Jesu nährt; sie ruft den Segen Gottes und die Kraft seines Geistes auf uns herab und stützt uns unser ganzes Leben hindurch, indem sie uns mit ihrer Zärtlichkeit und ihrer Wärme umgibt, vor allem in den schwierigsten Augenblicken der Prüfung, des Leidens und des Todes.

(Generalaudienz, 5. 11. 2014)

# Christ wird man nicht im Labor, sondern im Leib der Mutter Kirche

Christ wird man auch nicht im Labor, sondern man wird im großen Leib der Kirche geboren und wächst dort im Glauben heran. In diesem Sinne ist die Kirche wahrhaft Mutter, unsere Mutter Kirche – es ist schön, es so zu sagen: unsere Mutter Kirche – eine Mutter, die uns Leben schenkt in Christus und uns mit allen anderen Brüdern und Schwestern in der Gemeinschaft des Heiligen Geistes leben lässt. Das Vorbild für diese Mutterschaft der Kirche ist die Jungfrau Maria, das schönste und erhabenste Vorbild, das es geben kann. Das haben bereits die ersten christlichen Gemeinden hervorgehoben. Die Mutterschaft Marias ist gewiss einzigartig, und sie hat sich in der Fülle der Zeit verwirklicht, als die Jungfrau Maria den Sohn Gottes durch das Wirken des Heiligen Geistes empfing und zur Welt brachte. Die Mutterschaft der Kirche steht jedoch in Kontinuität zur Mutterschaft Marias als ihre Fortsetzung in der Geschichte.

In der Fruchtbarkeit des Heiligen Geistes bringt die Kirche auch weiterhin neue Kinder in Christus hervor, im beständigen Hören auf das Wort Gottes und in der Fügsamkeit gegenüber seinem Liebesplan. Die Kirche ist Mutter. Denn die Geburt Jesu im Schoß Marias ist Auftakt der Geburt eines jeden Christen im Schoß der Kirche, da Christus der Erstgeborene von vielen Brüdern ist (vgl. Röm 8,29). Und unser erster Bruder, Jesus, ist von Maria geboren, er ist das Vorbild, und wir alle sind in der Kirche geboren. Von daher verstehen wir, dass die Beziehung, die Maria mit der Kirche verbindet, ganz tief ist: Wenn wir auf Maria schauen, entdecken wir das schönste und zärtlichste Antlitz der Kirche; und wenn wir auf die Kirche schauen, erkennen wir die erhabenen Züge Marias. Wir Christen sind keine Waisen, wir haben eine liebevolle Mutter, wir haben eine Mutter, und das ist großartig! Wir sind keine Waisen! Die Kirche ist Mutter. Maria ist Mutter. Die Kirche ist unsere Mutter, weil sie uns in der Taufe geboren hat. Jedes Mal, wenn wir ein Kind taufen, wird es zum Kind der Kirche, wird es in die Kirche hineingenommen. Und von jenem Tag an lässt sie uns als fürsorgliche Mutter im Glauben wachsen, weist uns in der Kraft des Wortes Gottes den Weg des Heils und schützt uns vor dem Bösen.

*Die Kirche stillt uns wie Kinder mit dem Wort Gottes*
Von Jesus hat die Kirche den kostbaren Schatz des Evangeliums empfangen, nicht um ihn für sich zu behalten, sondern um ihn großherzig den anderen zu schenken, wie eine Mutter es tut. In diesem Dienst der Evangelisierung offenbart sich die Mutterschaft der Kirche ganz besonders: Wie eine Mutter sorgt sie dafür, ihren Kindern die geistliche Nahrung zu geben, die das christliche Leben nährt und es Früchte tragen lässt. Wir alle sind daher berufen, mit offenem Herzen und Verstand das Wort Gottes anzunehmen, das die Kirche jeden Tag an uns verteilt, denn dieses Wort kann uns von innen her verwandeln. Nur das Wort Gottes kann uns tief im Innern, in unseren tiefsten Wurzeln verwandeln. Das Wort Gottes hat diese Macht.

Und wer gibt uns das Wort Gottes? Die Mutter Kirche. Sie stillt uns wie Kinder mit diesem Wort, sie lässt uns das ganze Leben hindurch mit diesem Wort wachsen, und das ist großartig! Die Mutter Kirche ist es, die uns mit dem Wort Gottes im Innern verwandelt. Das Wort Gottes, das uns die Mutter Kirche gibt, verwandelt uns. Es bewirkt, dass unsere Menschennatur nicht dem Rhythmus der Weltlichkeit des Fleisches, sondern dem des Heiligen Geistes folgt. In ihrer mütterlichen Fürsorge ist die Kirche bemüht, den Gläubigen den Weg zu zeigen, den sie gehen sollen, um ein fruchtbares Leben in Freude und Frieden zu führen. Erleuchtet vom Licht des Evangeliums und gestützt von der Gnade der Sakramente, besonders der Eucharistie, können wir unsere Entscheidungen auf das Gute hin ausrichten und mit Mut und Hoffnung durch Augenblicke der Finsternis und über steinige Pfade gehen.

*Die Kirche hat den Mut einer Mutter*
Der Weg des Heils, auf dem die Kirche uns führt und uns mit der Kraft des Evangeliums und mit der Unterstützung der Sakramente begleitet, schenkt uns die Fähigkeit, uns gegen das Böse zu verteidigen. Die Kirche hat den Mut einer Mutter, die weiß, dass sie ihre Kinder vor den Gefahren, die aus der Gegenwart Satans in der Welt kommen, schützen muss, um sie zur Begegnung mit Jesus zu führen. Eine Mutter verteidigt ihre Kinder immer. Zu dieser Verteidigung gehört auch die Mahnung zur Wachsamkeit: wachsam zu sein gegenüber dem Trug und der Verführung des Bösen.

Denn auch wenn Gott den Satan besiegt hat, so kehrt dieser mit seinen Versuchungen immer wieder zurück: Das wissen wir, wir alle werden versucht, wir sind versucht worden, und wir werden weiterhin versucht. Satan kommt »wie ein brüllender Löwe« (1 Petr 5,8), sagt der Apostel Petrus, und es liegt an uns, nicht naiv zu sein, sondern zu wachen und mit festem Glauben zu widerstehen – zu widerstehen mit dem Rat der Mutter Kirche, zu widerstehen mit der Hilfe der Mutter Kirche, die wie eine gute Mutter in schwierigen Augenblicken stets bei ihren Kindern ist.

*Das ist die Kirche, die ich liebe: eine Mutter*
Liebe Freunde, das ist die Kirche, das ist die Kirche, die wir alle lieben, das ist die Kirche, die ich liebe: eine Mutter, der das Wohl

ihrer Kinder am Herzen liegt und die fähig ist, das Leben für sie hinzugeben. Wir dürfen jedoch nicht vergessen, dass die Kirche nicht nur die Priester sind oder wir Bischöfe – nein, wir alle sind es! Wir alle sind die Kirche! Einverstanden? Und auch wir sind Kinder, aber auch Mütter anderer Christen. Alle Getauften, Männer und Frauen, wir alle sind gemeinsam die Kirche. Wie oft geben wir in unserem Leben nicht Zeugnis von dieser Mutterschaft der Kirche, von diesem mütterlichen Mut der Kirche! Wie oft sind wir Feiglinge! Vertrauen wir uns also Maria an, auf dass sie, als Mutter unseres erstgeborenen Bruders, Jesus, uns lehren möge, gegenüber unseren Brüdern denselben mütterlichen Geist zu haben wie sie und aufrichtig in der Lage zu sein, die Menschen anzunehmen, zu vergeben, Kraft zu schenken und Vertrauen und Hoffnung einzuflößen. Das ist es, was eine Mutter tut.

(Generalaudienz, 3. 9. 2014)

## Mutter Kirche lehrt Barmherzigkeit

Heute möchte ich einen besonderen Aspekt dieser Erziehungstätigkeit unserer Mutter Kirche hervorheben: Sie lehrt uns die Werke der Barmherzigkeit.

Ein guter Erzieher zielt auf das Wesentliche. Er verliert sich nicht in Einzelheiten, sondern will das weitergeben, was wirklich zählt, damit sein Kind oder sein Schüler den Sinn und die Freude des Lebens findet. Das ist die Wahrheit. Und dem Evangelium zufolge ist das Wesentliche die Barmherzigkeit. ... Die Mutter Kirche lehrt uns wie Jesus durch das Beispiel, und die Worte dienen dazu, die Bedeutung ihrer Gesten zu erhellen. Die

Mutter Kirche lehrt uns, den Hungernden und Dürstenden zu essen und zu trinken zu geben, die Nackten zu bekleiden. Und wie tut sie es? Sie tut es durch das Beispiel vieler heiliger Männer und Frauen, die es auf vorbildliche Weise getan haben; aber sie tut es auch durch das Beispiel sehr vieler Väter und Mütter, die ihre Kinder lehren, dass das, was wir übrig haben, für jene bestimmt ist, denen das Notwendigste fehlt. ...

Einmal erzählte mir eine Mutter – in der anderen Diözese –, dass sie ihre Kinder dies lehren wollte und sie aufforderte, zu helfen und den Hungernden zu essen zu geben. Sie hatte drei Kinder. Und eines Tages beim Mittagessen – der Vater war draußen bei der Arbeit, sie war allein mit ihren drei kleinen Kindern von etwa sieben, fünf und vier Jahren – klopfte es an der Tür: Dort stand ein Herr, der um etwas zu essen bat. Und die Mutter sagte zu ihm: »Warte einen Augenblick.« Sie ging wieder hinein und sagte zu den Kindern: »Da ist ein Herr, der um etwas zu essen bittet. Was sollen wir tun?« »Geben wir ihm etwas, Mama, geben wir ihm etwas!« Jeder hatte auf dem Teller ein Steak mit Pommes frites. »Sehr gut«, sagt die Mutter, »wir nehmen die Hälfte von einem jeden von euch und geben ihm die Hälfte von euren Steaks.« »Ach nein, Mama, so nicht, das ist nicht gut!« »Doch, so ist es, du musst von dem geben, was deins ist.« So hat diese Mutter ihre Kinder gelehrt, von ihrem eigenen Essen etwas abzugeben. Das ist ein schönes Beispiel, das mir sehr geholfen hat. »Aber ich habe nichts übrig ...« »Gib von dem, was dir gehört!« So lehrt uns die Mutter Kirche. Und ihr, die vielen Mütter, die ihr hier seid, wisst, was ihr tun müsst, um eure Kinder zu lehren, ihre Sachen mit den Bedürftigen zu teilen.

*Christ wird man nicht im Labor*

*Gutes tun, ohne etwas dafür zu erwarten*
Die Mutter Kirche lehrt, den Kranken beizustehen. ... Die Mutter Kirche lehrt, denen beizustehen, die im Gefängnis sind. ... Die Mutter Kirche lehrt, jenen beizustehen, die verlassen sind und allein sterben. Das hat die selige Teresa auf den Straßen von Kalkutta getan; das haben gestern und heute viele Christen getan, die keine Angst haben, die Hand derer zu halten, die dabei sind, diese Welt zu verlassen. Und auch hier schenkt die Barmherzigkeit dem, der geht, und dem, der bleibt, Frieden, da sie uns spüren lässt, dass Gott größer ist als der Tod und dass, wenn wir in ihm bleiben, auch der letzte Abschied ein »Auf Wiedersehen« ist ...

Liebe Brüder und Schwestern, so ist die Kirche eine Mutter, die ihre Kinder die Werke der Barmherzigkeit lehrt. Sie hat von Jesus diesen Weg gelernt, sie hat gelernt, dass dies das Wesentliche für das Heil ist. Es genügt nicht, die zu lieben, die uns lieben. ... Gutes tun, ohne etwas dafür zu erwarten. So hat der Vater an uns gehandelt, und wir müssen dasselbe tun. Tu Gutes und geh voran! Wie schön ist es, in der Kirche zu leben, in unserer Mutter Kirche, die uns diese Dinge lehrt, die Jesus uns gelehrt hat.

(Generalaudienz, 10. 9. 2014)

# Maria

*Modell der Kirche*

*Sie hört, sie entscheidet, sie handelt. Maria ist keine passive Mutter. Sie löst Knoten, ein stilles, doch heilendes Tun. Die Frau der Treue, der Bereitschaft, der Hoffnung. Mutter Gottes: »ihr wichtigster und wesentlichster Titel«. Eine Auswahl aus den wichtigsten Marien-Ansprachen von Papst Franziskus.*

## Ein Christ braucht beide Mütter: Maria und die Kirche

Ein Christ ohne die Gottesmutter ist verwaist. Auch ein Christ ohne Kirche ist eine Waise. Ein Christ braucht diese beiden Frauen, diese beiden Mütter, diese beiden Jungfrauen: die Kirche und die Gottesmutter. Um eine richtige christliche Berufung zu »prüfen«, muss man sich fragen: »Wie ist es um meine Beziehung zu diesen beiden Müttern, die ich habe, bestellt?« Das ist kein »frommer« Gedanke, nein, das ist reine Theologie. Das ist Theologie. Wie ist es um mein Verhältnis zur Kirche, zu meiner Mutter Kirche, zur heiligen Mutter, der hierarchischen Kirche, bestellt? Und wie ist es um meine Beziehung zur Gottesmutter bestellt, die meine Mutter, meine liebe Mutter ist?

(An Jugendliche der Diözese Rom, die auf der Suche nach ihrer Berufung sind, 28. 6. 2014)

## Maria Knotenlöserin

Maria führt uns immer zu Jesus. Sie ist eine Frau des Glaubens, eine wahrhaft Glaubende. Wir können uns fragen: Wie war der Glaube Marias?

*Knoten des Ungehorsams*
1. Das erste Element ihres Glaubens ist dieses: *Der Glaube Marias löst den Knoten der Sünde* (vgl. Lumen gentium, 56). Was bedeutet das? Der »Knoten« des Ungehorsams, der »Knoten« des Unglaubens. Wenn ein Kind der Mutter oder dem Vater nicht gehorcht, bildet sich, so könnten wir sagen, ein kleiner »Knoten«. Das geschieht, wenn das Kind sich bei seinem Handeln bewusst ist, was es tut, besonders wenn dabei eine Lüge mit im Spiel ist. In diesem Augenblick vertraut es der Mutter und dem Vater nicht. Ihr wisst, wie oft das geschieht! Da muss dann die Beziehung zu den Eltern von diesem Fehler gereinigt werden; das Kind bittet nämlich um Verzeihung, damit wieder Harmonie und Vertrauen herrsche. Etwas Ähnliches passiert bei unserer Beziehung zu Gott. Wenn wir auf ihn nicht hören, folgen wir nicht seinem Willen, vollziehen wir konkrete Handlungen, durch die wir einen Mangel an Vertrauen in ihn zeigen – und das ist die Sünde; sie bildet sich wie ein Knoten in unserem Innern. Und diese Knoten nehmen uns den Frieden und die Gelassenheit. Sie sind gefährlich, denn mehrere Knoten können zu einem Knäuel werden, das immer schmerzhafter wird und immer schwieriger zu lösen ist.

Aber für Gottes Barmherzigkeit – das wissen wir – ist nichts unmöglich! Auch die verworrensten Knoten lösen sich mit seiner Gnade. Und Maria hat mit ihrem »Ja« Gott die Tür geöffnet, damit er die Knoten des im Alten Bund begangenen Ungehorsams löse. Sie ist die Mutter, die uns mit Geduld und Zärtlichkeit zu Gott führt, damit er die Knoten unserer Seele mit seiner väterlichen Barmherzigkeit löse. Jeder von uns hat einige, und wir können uns in unserem Herzen fragen: Welche Knoten gibt es in meinem Leben? »Vater, die Meinen kann man nicht lösen!« Aber das ist ein Irrtum! Alle Knoten des Herzens, alle Knoten des Gewissens können gelöst werden. Bitte ich Maria, dass sie mir helfe, Vertrauen in die Barmherzigkeit Gottes zu haben, um sie zu lösen, um mich zu ändern? Sie, die Frau des Glaubens, wird uns sicher sagen: »Geh weiter, geh zum Herrn, er versteht dich.« Und sie führt uns an der Hand, die Mutter, in den Arm des Vaters, des Vaters der Barmherzigkeit.

*Er kommt, in uns zu wohnen*
2. Das zweite Element: *Der Glaube Marias gibt Jesus einen menschlichen Leib.* Maria empfing Jesus *im Glauben* und dann *im Fleisch,* als sie »ja« zur Botschaft sagte, die Gott durch den Engel an sie richtete. Was will dies besagen? Dass Gott nicht Mensch werden wollte, indem er unsere Freiheit überging; dass er durch die freie Zustimmung Marias, durch ihr »Ja« kommen wollte. Er hat sie gefragt: »Bist du dafür bereit?« Und sie hat geantwortet: »Ja.«

Was aber in der Jungfrau Maria auf einzigartige Weise erfolgt ist, geschieht auf geistlicher Ebene auch in uns, wenn wir das Wort Gottes mit bereitem und aufrichtigem Herzen aufnehmen und es in die Tat umsetzen. Es ist so, als ob Gott in uns Fleisch annehmen würde: Er kommt, um in uns zu wohnen, damit er in denen Wohnung nehme, die ihn lieben und sein Wort befolgen. Es ist nicht einfach, dies zu verstehen, aber, ja, es ist einfach, es im Herzen zu spüren.

Denken wir, die Menschwerdung Jesu sei nur ein Geschehen

der Vergangenheit, das uns nicht persönlich betrifft? An Jesus zu glauben bedeutet, ihm mit der Demut und dem Mut Marias unser Fleisch anzubieten, damit er weiter unter den Menschen wohnen kann; es bedeutet, ihm unsere Hände anzubieten, um die Kleinen und die Armen zu liebkosen; unsere Füße, um den Brüdern entgegenzugehen; unsere Arme, um den, der schwach ist, zu stützen und um im Weinberg des Herrn zu arbeiten; unseren Geist, um im Licht des Evangeliums Pläne auszudenken und zu machen; und vor allem aber unser Herz anzubieten, um nach dem Willen Gottes zu lieben und Entscheidungen zu treffen. All das geschieht dank des Wirkens des Heiligen Geistes. Und so mögen wir die Werkzeuge Gottes sein, damit Jesus in der Welt durch uns handle.

*Und dieses Kreuz hat sie getragen*
3. Und das letzte Element ist *der Glaube Marias als Weg*: Das Konzil sagt, dass Maria »den Pilgerweg des Glaubens« ging (ebd., 58). Deswegen geht sie uns auf diesem Pilgerweg voran, begleitet und stützt sie uns.

Inwiefern war der Glaube Marias ein Weg? In dem Sinn, dass ihr ganzes Leben darin bestand, ihrem Sohn zu folgen: Er – Jesus – ist die Straße, und er ist der gegangene Weg. Im Glauben fortzuschreiten, auf diesem geistlichen Pilgerweg des Glaubens voranzukommen heißt nichts anderes, als Jesus zu folgen; als ihn zu hören, sich von seinen Worten leiten zu lassen; zu sehen, wie er sich verhält, und unsere Füße in seine Spur zu setzen; so wie er gesinnt zu sein und sich zu verhalten: Und wie ist Jesus gesinnt und wie verhält er sich? Demut, Barmherzigkeit, Nähe zu zeigen, aber auch Heuchelei, Falschheit, Götzendienst entschieden abzulehnen. Der Weg Jesu ist der Weg der Liebe, die treu ist bis zum Ende, bis zur Hingabe des Lebens, es ist der Weg des Kreuzes. Deshalb geht der Weg des Glaubens über das Kreuz.

Maria hat dies von Anfang an verstanden, als Herodes den eben erst geborenen Jesus umbringen wollte. Dann aber wurde dieses Kreuz schwerer, als Jesus abgelehnt wurde: Maria war immer bei Jesus, sie folgte Jesus mitten im Volk, sie hörte das Geschwätz, den Hass jener, die den Herrn nicht liebten. Und dieses Kreuz hat sie getragen. Da trat der Glaube Marias dem Unverständnis und der Verachtung entgegen. Als die »Stunde« Jesu kam, d. h. die Stunde seines Leidens: Da war der Glaube Marias das Flämmchen in der Nacht, jenes Flämmchen in dunkelster Nacht. In der Nacht des Karsamstags hat Maria gewacht. Ihr Flämmchen, klein und doch hell, brannte bis zum Morgen der Auferstehung, und als die Nachricht zu ihr drang, dass das Grab leer sei, breitete sich in ihrem Herzen die Freude des Glaubens aus, der christliche Glaube an den Tod und die Auferstehung Jesu Christi. Denn der Glaube führt uns immer zur Freude, und sie ist die Mutter der Freude. Sie lehre uns, diese Straße der Freude zu gehen und diese Freude zu leben! Dies ist der Gipfel – diese Freude, diese Begegnung von Jesus und Maria, stellen wir uns doch vor, wie es war ... Dies ist der Gipfel des Glaubensweges Marias und der Kirche. Wie ist unser Glaube? Halten wir ihn am Brennen, wie Maria, auch in den schwierigen, in den dunklen Augenblicken? Habe ich die Freude des Glaubens gespürt?

Heute Abend, Mutter, danken wir dir für deinen Glauben als starke und demütige Frau; wir erneuern unsere Hingabe an dich, du Mutter unseres Glaubens. Amen.

(Marianische Vigilfeier zum Jahr des Glaubens vor der Statue von Fatima, 12. 10. 2013)

# Wo bleiben die Vorbilder für Mädchen?

*In einer Videobotschaft an Jugendliche aus Argentinien präsentiert Papst Franziskus den Jungen und Mädchen verschiedene biblische Vorbilder im Glauben. Er spricht von den Aposteln, die – überwiegend – jung waren, von dem wohlhabenden jungen Mann, der von Jesus wissen wollte, wie er ins Himmelreich kommt, und vom verlorenen Sohn.*

(Frage:) Pater, Sie sind aber ungerecht – so werden mir jetzt die Mädchen sagen – denn die Beispiele, die Sie nennen, sind für die Jungen, aber was ist mit uns?

Ihr schickt euch an, mit eurem Leben die Zärtlichkeit und die Treue zu festigen. Sie sind auf dem Weg jener Frauen, die Jesus folgten, in guten und in schlechten Zeiten. Die Frau hat diesen großen Schatz, Leben geben zu können, Zärtlichkeit geben zu können, Frieden und Gelassenheit geben zu können. Für euch gibt es ein einziges Modell, Maria: die Frau der Treue, die, die nicht verstand, was ihr geschah, aber gehorchte. Die, als sie erfuhr, was ihr Kusine brauchte, hinlief, die Jungfrau der Bereitschaft. Die als Flüchtling in ein fremdes Land ging, um das Leben ihres Kindes zu retten. Die ihrem Sohn beim Wachsen half und ihn begleitete und, als der Sohn zu predigen begann, ihm folgte. Die alles mitlitt, was diesem Buben geschah, diesem Jugendlichen. Die an der Seite des Sohnes blieb und ihm sagte, wo ein Problem war: »Schau, sie haben keinen Wein.« Die im Augenblick des Kreuzes bei ihm war.

Die Frau hat eine Fähigkeit, Leben zu geben und Zärtlichkeit zu geben, die wir Männer nicht haben. Ihr seid die Frauen der Kirche. »Des Kirches?« Nein, es heißt nicht »der« Kirche, es heißt

»die« Kirche. Die Kirche ist weiblich, sie ist wie Maria. Das ist euer Ort. Kirche sein, Kirche bilden, bei Jesus sein, Zärtlichkeit geben, begleiten, wachsen lassen.

Maria, die Frau der Zärtlichkeit, die Frau der Dienstbereitschaft, möge euch den Weg zeigen.

(Videobotschaft an junge Argentinier, 26. 4. 2014, eigene Übersetzung)


## Aufnehmend, nicht passiv

Die Botschaft des heutigen Hochfestes der ohne Erbsünde empfangenen Jungfrau Maria kann mit diesen Worten zusammengefasst werden: Alles ist unentgeltliches Geschenk Gottes, alles ist Gnade, alles ist Geschenk seiner Liebe zu uns. Sie sagt nicht: »Ich werde nach deinem Wort handeln.« Nein! Sondern: »Mir geschehe ...« Und das Wort ist in ihrem Schoß Fleisch geworden. Auch wir sind aufgefordert, auf Gott zu hören, der zu uns spricht, und seinen Willen anzunehmen; der Logik des Evangeliums entsprechend ist nichts wirksamer und fruchtbarer als das Hören auf das Wort des Herrn, das aus dem Evangelium, aus der Bibel kommt, und es anzunehmen. Der Herr spricht immer zu uns!

Die Haltung Marias von Nazaret zeigt uns, dass das *Sein* vor dem *Tun* kommt, und dass es notwendig ist, Gott *handeln zu lassen*, um wirklich zu *sein*, wie er uns will. Er ist es, der in uns so viele Wunder wirkt. Maria ist aufnehmend, nicht passiv. Wie sie auf leiblicher Ebene die Macht der Heiligen Geistes empfängt, dann aber dem Sohn Gottes, der sich in ihr bildet, Fleisch und Blut schenkt, so empfängt sie auf der geistlichen Ebene die Gnade und entspricht ihr mit dem Glauben.

(Angelus, 8. 12. 2014)

*Maria*

# Sie hätte sich enttäuscht abwenden können. Aber sie hat es nicht getan

Maria knüpft ein Band der Verwandtschaft mit Jesus, noch bevor sie ihn zur Welt bringt: Sie wird Jüngerin und Mutter ihres Sohnes in dem Augenblick, in dem sie die Worte des Engels annimmt und sagt: »Ich bin die Magd des Herrn; mir geschehe, wie du es gesagt hast« (Lk 1,38). Dieses »mir geschehe« ist nicht nur Annahme, sondern auch vertrauensvolle Öffnung für die Zukunft. Dieses »mir geschehe« ist Hoffnung! Maria ist die Mutter der Hoffnung, das ausdrucksvollste Bild der christlichen Hoffnung. Ihr ganzes Leben ist eine Gesamtheit aus Gesten der Hoffnung, angefangen vom »Ja« der Verkündigung. Maria wusste nicht, wie sie Mutter werden sollte, aber sie vertraute sich vollkommen dem Geheimnis an, das sich erfüllen sollte, und wurde so die Frau der Erwartung und der Hoffnung.

### *Maria bleibt Frau der Hoffnung*

Frau der Hoffnung. Das sagt uns, dass die Hoffnung vom Hören, von der Betrachtung, von der Geduld genährt wird, um die Zeiten des Herrn heranreifen zu lassen. Mit dem Beginn des öffentlichen Lebens wird Jesus der Meister und Messias: Die Muttergottes blickt mit Freude, aber auch mit Sorge auf die Sendung des Sohnes, weil Jesus immer mehr zu diesem Zeichen des Widerspruchs wird, das der betagte Simeon ihr vorausgesagt hatte. Unter dem Kreuz ist sie die Frau der Schmerzen und zugleich der wachsamen Erwartung eines Geheimnisses, das größer ist als der Schmerz und das sich gerade erfüllt.

Alles scheint wirklich zu Ende zu sein; alle Hoffnung könnte man für ausgelöscht halten. Auch sie hätte in jenem Augenblick in Erinnerung an die Verheißungen der Verkündigung sagen können: Sie haben sich nicht erfüllt, ich bin getäuscht worden. Aber sie hat es nicht gesagt. Und doch sieht sie – die selig ist, weil sie geglaubt hat – aus ihrem Glauben die neue Zukunft erblühen und erwartet voller Hoffnung das Morgen Gottes.

Manchmal denke ich: Verstehen wir, auf das Morgen Gottes zu warten? Oder wollen wir das Heute? Das Morgen Gottes ist für sie der Beginn des Ostermorgens, jenes ersten Tages der Woche. Es wird uns guttun, in der Betrachtung an die Umarmung des Sohnes mit der Mutter zu denken. Das einzige Licht, das am Grab Jesu brannte, war die Hoffnung der Mutter, die in jenem Moment die Hoffnung der ganzen Menschheit ist.

(Vesperfeier mit den Kamaldulenserinnen auf dem Aventin, 21. 11. 2013)

## Die Gläubigen wussten, was sie riefen: »Mutter Gottes!«

Mutter Gottes! Das ist der wichtigste und wesentlichste Titel Marias. Es geht um eine Eigenschaft, um eine Rolle, die der Glaube des christlichen Volkes in seiner liebevollen und lauteren Frömmigkeit zur himmlischen Mutter von jeher wahrgenommen hat.

Denken wir an jenen großen Moment in der Geschichte der alten Kirche, an das Konzil von Ephesus, in dem die Gottesmutterschaft der Jungfrau Maria maßgebend definiert wurde. Die Wahrheit der Gottesmutterschaft Marias fand einen Widerhall in Rom, wo wenig später die Basilika Santa Maria Maggiore erbaut wurde, das erste marianische Heiligtum Roms und des gesamten Westens, in dem das Bild der Gottesmutter – der Theotokos – unter dem Titel *Salus Populi Romani* [Heil des römischen Volkes] verehrt wird. Es wird erzählt, dass die Bewohner von Ephesus sich während des Konzils an den Seiten des Portals der Basilika, in der sich die Bischöfe versammelten, zusammenfanden und »Mutter Gottes!« riefen. Indem die Gläubigen die offizielle Definition dieses Titels der Jungfrau Maria forderten, zeigten sie, dass sie ihre Gottesmutterschaft anerkannten. Es ist das spontane und ehrliche Verhalten der Kinder, die ihre Mutter gut kennen, weil sie sie mit unermesslicher Zärtlichkeit lieben. Es ist aber mehr: Es ist der sensus fidei [Glaubenssinn] des heiligen gläubigen Gottesvolkes, das sich niemals, in seiner Einheit niemals irrt.

Die Mutter des Erlösers geht uns voran und bestärkt uns ständig im Glauben, in der Berufung und in der Mission. Ihr vertrauen wir unseren Glaubensweg, unsere Herzenswünsche, unsere Nöte und die Bedürfnisse der ganzen Welt an, besonders den Hunger und den Durst nach Gerechtigkeit und Frieden und nach Gott. Und alle gemeinsam rufen wir sie an, und ich lade euch ein, sie dreimal anzurufen, indem wir die Brüder und Schwestern von Ephesus nachahmen und zu ihr »Mutter Gottes« sagen. – Mutter Gottes! Mutter Gottes! Mutter Gottes! Amen.

(Predigt am Hochfest der Gottesmutter Maria, 1. 1. 2014)

## Maria, eine Hymne auf das Leben

Und ich danke euch, Brüder und Schwestern, dass ihr heute gekommen seid, um zur Muttergottes, zur Mutter, zur »Salus Populi Romani« zu beten. Denn heute Abend sind wir hier vor Maria. Wir haben unter ihrer mütterlichen Obhut gebetet, damit sie uns dazu führe, immer mehr mit ihrem Sohn Jesus vereint zu sein; wir haben ihr unsere Leiden, unsere Hoffnungen und unsere Schwierigkeiten gebracht; wir haben sie mit dem schönen Titel »Salus Populi Romani« angerufen und für uns alle, für Rom, für die Welt um die Gabe des Wohlergehens gebetet. Ja, denn Maria schenkt uns das Wohlergehen, sie ist unser Wohl. Jesus Christus schenkt uns durch sein Leiden, seinen Tod und seine Auferstehung das Heil, er schenkt uns die Gnade und die Freude, Kinder Gottes zu sein, Gott wahrhaft Vater zu nennen. Maria ist Mutter, und eine Mutter sorgt sich vor allem um das Wohlergehen ihrer Kinder, sie weiß sie immer mit großer und zärtlicher Liebe zu pflegen. Die Muttergottes behütet unser Wohlergehen.

Was heißt das, dass die Muttergottes unser Wohlsein behütet? Ich denke vor allem an drei Aspekte: Sie hilft uns zu wachsen, das Leben in Angriff zu nehmen, frei zu sein; sie hilft uns zu wachsen, sie hilft uns das Leben in Angriff zu nehmen, sie hilft uns frei zu sein.

*Eine Mutter hilft beim Starkwerden*
1. Eine Mutter hilft den Kindern zu *wachsen* und will, dass sie gut aufwachsen; deshalb erzieht sie sie dazu, nicht der Faulheit nachzugeben – die auch einem gewissen Wohlstand entspringt –, sich nicht einem bequemen Leben hinzugeben, das sich damit zufriedengibt, lediglich Dinge zu besitzen. Die Mutter kümmert sich um ihre Kinder, damit sie immer mehr wachsen, stark werden, fähig, Verantwortung zu übernehmen, sich im Leben zu engagieren, nach großen Idealen zu streben. Das Evangelium des heiligen Lukas sagt uns, dass Jesus in der Familie von Nazaret »heranwuchs und kräftig wurde, erfüllt von Weisheit, und die Gnade Gottes ruhte auf ihm« (vgl. Lk 2,40). Gerade dies tut die Muttergottes in uns, sie hilft uns, menschlich und im Glauben zu wachsen, stark zu sein und nicht der Versuchung nachzuge-

ben, auf oberflächliche Weise Menschen und Christen zu sein, sondern mit Verantwortung zu leben und immer nach dem Höheren zu streben.

*Eine Mutter hilft, Herausforderungen anzunehmen*
2. Eine Mutter denkt dann an das Wohlergehen der Kinder auch, indem sie sie dazu erzieht, *den Schwierigkeiten des Lebens entgegenzutreten*. Man erzieht nicht, man sorgt nicht für das Wohlergehen, indem man Probleme vermeidet, als wäre das Leben eine Autobahn ohne Hindernisse. Die Mutter hilft den Kindern, die Probleme des Lebens mit realistischem Blick zu betrachten und sich nicht in ihnen zu verlieren, sondern sie mutig in Angriff zu nehmen, nicht schwach zu sein und sie zu überwinden zu wissen in einem gesunden Gleichgewicht, das eine Mutter zwischen den Bereichen der Sicherheit und den Zonen der Gefahr »spürt«. Und das kann eine Mutter gut! Sie bringt das Kind nicht immer auf den Weg der Sicherheit, denn auf diese Weise kann das Kind nicht wachsen, aber sie lässt es auch nicht nur auf dem Weg der Gefahr, denn das ist gefährlich. Eine Mutter weiß die Dinge in das rechte Gleichgewicht zu bringen. Ein Leben ohne Herausforderungen gibt es nicht, und ein Junge oder Mädchen, die sie nicht anzunehmen und sich selbst dabei ins Spiel zu bringen wissen, haben kein Rückgrat! Erinnern wir uns an das Gleichnis vom barmherzigen Samariter: Jesus stellt nicht den Priester und den Leviten als Beispiel vor Augen, die es vermeiden, dem von Räubern Überfallenen zur Hilfe zu kommen, sondern den Samariter, der die Situation jenes Mannes sieht und sie konkret angeht, auch unter Gefahren.

Maria hat viele nicht leichte Momente in ihrem Leben erlebt, von der Geburt Jesu, als »in der Herberge kein Platz für sie war« (Lk 2,7), bis hin zu Golgota (vgl. Joh 19,25). Und wie eine gute

Mutter ist sie uns nahe, damit wir angesichts der Widrigkeiten des Lebens, angesichts unserer Schwäche, angesichts unserer Sünden nie den Mut verlieren: Sie gibt uns Kraft, sie weist uns den Weg ihres Sohnes. Jesus sagt vom Kreuz herab zu Maria, indem er auf Johannes weist: »Frau, siehe, dein Sohn!« Und zu Johannes sagt er: »Siehe, deine Mutter!« (vgl. Joh 19,26–27). In diesem Jünger sind wir alle vertreten: Der Herr vertraut uns den liebevollen und zärtlichen Händen der Mutter an, damit wir ihre Hilfe spüren, wenn wir die Schwierigkeiten unseres menschlichen und christlichen Weges annehmen und besiegen; keine Angst vor den Schwierigkeiten haben, sie mit der Hilfe der Mutter annehmen.

*Eine Mutter hilft, Freiheit recht zu verstehen*
3. Ein letzter Aspekt: Eine gute Mutter begleitet die Kinder nicht nur bei ihrem Wachstum, indem sie den Problemen, den Herausforderungen des Lebens nicht ausweicht; eine gute Mutter hilft auch, *endgültige Entscheidungen in Freiheit zu treffen*. Das ist nicht leicht, aber eine Mutter weiß das zu tun. Aber was heißt Freiheit? Es bedeutet sicherlich nicht, alles zu tun, was man will, sich von den Leidenschaften beherrschen zu lassen, eine Erfahrung nach der anderen zu machen ohne Unterscheidung, den Moden der Zeit zu folgen; Freiheit bedeutet nicht, sozusagen all das, was uns nicht gefällt, aus dem Fenster zu werfen. Nein, das ist keine Freiheit! Die Freiheit ist uns gegeben, damit wir im Leben gute Entscheidungen zu treffen wissen! Maria erzieht uns als gute Mutter dazu, wie sie fähig zu sein, endgültige Entscheidungen zu treffen; endgültige Entscheidungen, in diesem Moment, in dem sozusagen die Philosophie des Vorläufigen herrscht. Es ist so schwer, sich im Leben endgültig zu verpflichten. Und sie hilft uns, endgültige Entscheidungen zu treffen in jener vollen

Freiheit, in der sie »Ja« gesagt hat zum Plan Gottes für ihr Leben (vgl. Lk 1,38).

Liebe Brüder und Schwestern, wie schwer ist es in unserer Zeit, endgültige Entscheidungen zu treffen. Das Vorläufige verführt uns. Wir sind Opfer einer Tendenz, die uns zur Vorläufigkeit drängt ... als wollten wir Heranwachsende bleiben. Es ist ein wenig die Faszination, Heranwachsende zu bleiben, und das das ganze Leben lang!

Haben wir keine Angst vor endgültigen Verpflichtungen, vor Verpflichtungen, die das ganze Leben betreffen und umfassen! So wird unser Leben fruchtbar werden! Und das ist Freiheit: den Mut zu haben, diese Entscheidungen mit Großherzigkeit zu treffen.

*Maria, eine Hymne auf das Leben*
Das ganze Leben Mariens ist eine Hymne auf das Leben, eine Hymne der Liebe auf das Leben: Sie hat Jesus im Fleisch geboren und hat die Geburt der Kirche auf Golgota und im Abendmahlssaal begleitet. Die »Salus Populi Romani« ist die Mutter, die uns das Wohlergehen im Wachstum schenkt, sie schenkt uns das Wohl beim Angehen und Überwinden der Probleme, sie schenkt uns Wohlergehen, indem sie uns frei macht für endgültige Entscheidungen; die Mutter lehrt uns, fruchtbar zu sein, für das Leben offen zu sein und immer Früchte des Guten zu bringen, Früchte der Freude, Früchte der Hoffnung, niemals die Hoffnung zu verlieren, den anderen das Leben zu schenken, physisch und geistlich.

(Beim Rosenkranzgebet in der Papstbasilika Santa Maria Maggiore, 4. 5. 2013)

# Marianischer Dreischritt: Hören, Entscheidung, Handeln

Drei Worte fassen die Haltung Mariens zusammen: Hören, Entscheidung, Handeln. Worte, die auch uns den Weg weisen angesichts dessen, worum uns der Herr in unserem Leben bittet.

*Sie hört*
Hören: Woraus entspringt diese Geste Mariens, zu ihrer Verwandten Elisabet zu gehen. Aus einem Wort des Engels Gottes: »Auch Elisabet, deine Verwandte, hat noch in ihrem Alter einen Sohn empfangen ...« (Lk 1,36). Maria weiß auf Gott zu hören. Vorsicht: Es geht nicht um ein bloßes »Hören«, ein oberflächliches Hinhören, sondern dieses »Zuhören« besteht aus Aufmerksamkeit, Annahmebereitschaft, Verfügbarkeit gegenüber Gott. Es ist nicht die zerstreute Art und Weise, mit der wir zuweilen vor Gott oder mit anderen zusammen sind: wir hören die Worte, aber wir hören nicht wirklich zu. Maria ist aufmerksam für Gott, sie hört Gott zu. Aber Maria hört auch auf die Tatsachen, das heißt sie deutet die Ereignisse ihres Lebens, sie ist aufmerksam für die konkrete Wirklichkeit und bleibt nicht an der Oberfläche stehen, sondern geht in die Tiefe, um deren Bedeutung zu verstehen. Ihre Verwandte Elisabet, die schon betagt ist, erwartet einen Sohn: das ist die Tatsache. Aber Maria ist aufmerksam für die Bedeutung, sie weiß sie wahrzunehmen: »Denn für Gott ist nichts unmöglich« (Lk 1,37).

Das gilt auch für unser Leben: das Hören auf Gott, der zu uns spricht, und das Hören auf die tägliche Wirklichkeit, Aufmerksamkeit für die Menschen, die Tatsachen, weil der Herr an der Tür unseres Lebens steht und auf viele verschiedene Weisen anklopft, Zeichen auf unseren Weg stellt; und uns gibt er die

Fähigkeit, sie zu sehen. Maria ist die Mutter des Hörens, des aufmerksamen Hörens auf Gott und des ebenso aufmerksamen Hörens auf die Ereignisse des Lebens.

Das zweite Wort: Entscheidung. Maria lebt nicht »in Eile«, in Sorge, sondern sie »bewahrte alles, was geschehen war, in ihrem Herzen« (Lk 2,19.51), wie der hl. Lukas betont. Und auch im entscheidenden Augenblick der Verkündigung des Engels fragt sie: »Wie soll das geschehen?« (Lk 1,34).

*Sie entscheidet*

Aber sie bleibt nicht beim Nachdenken stehen, sie geht einen Schritt weiter: Sie entscheidet. Sie lebt nicht in Eile, sondern nur wenn es notwendig ist, »eilt sie«. Maria lässt sich nicht von den Ereignissen mitreißen, sie umgeht die Mühe der Entscheidung nicht. Und das geschieht sowohl bei der grundlegenden Entscheidung, die ihr Leben ändern sollte: »Ich bin die Magd des Herrn …« (Lk 1,38), als auch in den alltäglicheren Entscheidungen, die aber auch bedeutsam sind. Mir kommt das Ereignis der Hochzeit von Kana in den Sinn (vgl. Joh 2,1–11): Auch hier sieht man den Realismus, die Menschlichkeit, die Konkretheit Mariens, die aufmerksam ist für die Tatsachen, die Probleme. Sie sieht und versteht die Schwierigkeit der beiden jungen Eheleute, denen der Festwein ausgeht, sie denkt nach und weiß, dass Jesus etwas tun kann, und sie entscheidet, sich an den Sohn zu wenden, damit er eingreife: »Sie haben keinen Wein mehr« (vgl. V. 3). Sie entscheidet.

Im Leben ist es schwierig, Entscheidungen zu treffen. Häufig tendieren wir dazu, sie aufzuschieben, andere an unserer Stelle entscheiden zu lassen, häufig ziehen wir es vor, uns von den Ereignissen mitreißen zu lassen, der aktuellen Mode zu folgen. Manchmal wissen wir, was wir tun sollten, aber wir haben nicht den Mut dazu oder es erscheint uns zu schwierig, weil dies hieße gegen den Strom zu schwimmen. Maria schwimmt bei der Verkündigung, bei der Heimsuchung, bei der Hochzeit von Kana gegen den Strom, Maria geht gegen den Strom. Sie hört auf Gott, denkt nach und versucht die Wirklichkeit zu verstehen, und sie entscheidet, Gott vollkommen zu vertrauen; sie entscheidet, ihre betagte Verwandte zu besuchen, obwohl sie selbst ein Kind erwartet; sie entscheidet, sich beharrlich dem Sohn anzuvertrauen, um die Freude des Hochzeitsfestes zu retten.

*Sie handelt*

Das dritte Wort: Handeln. Maria macht sich auf den Weg und »eilt ...« (vgl. Lk 1,39). Am vergangenen Sonntag habe ich diese Handlungsweise Mariens unterstrichen: Trotz der Schwierigkeiten, der Kritik, die sie wegen ihrer Entscheidung aufzubrechen wahrscheinlich einstecken musste, lässt sie sich von nichts aufhalten. Und hier bricht sie »eilig« auf. Im Gebet vor Gott, der spricht, beim Nachdenken und Meditieren über die Tatsachen ihres Lebens hat Maria keine Eile, sie lässt sich nicht vom Augenblick überwältigen, nicht von den Ereignissen mitreißen. Aber wenn ihr klar geworden ist, um was Gott sie bittet, was sie tun muss, dann zögert sie nicht, hält sie sich nicht auf, sondern »eilt«. Der hl. Ambrosius kommentiert: »Die Gnade des Heiligen Geistes kennt keine Langsamkeit« (»Expos. Evang. sec. Lucam« II, 19: PL 15, 1560). Das Handeln Mariens ist eine Folge ihres Gehorsams gegenüber den Worten des Engels, aber verbunden mit der Liebe: Sie geht zu Elisabet, um sich nützlich zu machen. Und bei diesem Hinausgehen aus ihrem Haus, aus sich selbst, aus Liebe, bringt sie das Kostbarste, das sie hat: Jesus; sie bringt den Sohn.

Zuweilen bleiben auch wir beim Hören stehen, beim Nachdenken über das, was wir tun sollten, vielleicht sehen wir auch klar die Entscheidung, die wir treffen müssten, aber wir machen nicht den Schritt zum Handeln. Und vor allem bringen wir uns nicht selbst ins Spiel, indem wir »mit Eile« auf die anderen zugehen, um ihnen unsere Hilfe, unser Verständnis, unsere Liebe zu bringen; damit auch wir wie Maria das Kostbarste bringen, was wir empfangen haben, Jesus und sein Evangelium, mit dem Wort und vor allem mit dem konkreten Zeugnis unseres Handelns. Maria, Frau des Hörens, der Entscheidung, des Handelns.

*Marianisches Gebet*
*Maria, Frau des Hörens,* lass unsere Ohren offen sein; lass uns das Wort deines Sohnes Jesus unter den tausend Worten dieser Welt heraushören; lass uns auf die Wirklichkeit, in der wir leben, hören, auf jeden Menschen, dem wir begegnen, und besonders auf den armen, den bedürftigen und den, der in Schwierigkeiten ist.

*Maria, Frau der Entscheidung,* erleuchte unseren Verstand und unser Herz, damit wir dem Wort deines Sohnes Jesus ohne Zögern zu gehorchen wissen; gib uns den Mut zur Entscheidung, dazu, uns nicht mitreißen zu lassen, so dass andere unser Leben bestimmen.

*Maria, Frau des Handelns,* lass unsere Hände und Füße zu den anderen »eilen«, um die Liebe deines Sohnes Jesus zu bringen, um wie du das Licht des Evangeliums in die Welt zu tragen. Amen.

(Rede zum Abschluss des Marienmonats, 31. 5. 2013)

# Die Sendung der Christin von den Anfängen her

*Frauen in der Bibel*

*Die ersten Zeuginnen der Auferstehung von Jesus Christus waren Frauen. Und das in einem gesellschaftlichen Umfeld, das den Frauen kein glaubwürdiges Zeugnis etwa vor Gericht einräumte. In den Evangelien jedoch haben die Frauen eine erstrangige, grundlegende Rolle, ruft Papst Franziskus in Erinnerung.*

## Die ersten Zeuginnen der Auferstehung: Frauen

Im Glaubensbekenntnis sagen wir immer wieder dieses Wort: Er »ist am dritten Tage auferstanden nach der Schrift«. Vor allem sehen wir, dass die ersten Zeuginnen dieses Ereignisses die Frauen waren. Als eben die Sonne aufgeht, kommen sie zum Grab, um den Leib Jesu zu salben, und finden das erste Zeichen: das leere Grab (vgl. Mk 16,1). Dann folgt die Begegnung mit einem Boten Gottes, der verkündigt: Jesus von Nazaret, der Gekreuzigte, ist nicht hier; er ist auferstanden (vgl. V. 5–6). Die Frauen sind von der Liebe getrieben und können diese Verkündigung mit Freude annehmen: Sie glauben und geben es sofort weiter. Sie behalten es nicht für sich, sie geben es weiter. Die Freude zu wissen, dass Jesus lebt, die Hoffnung, die das Herz erfüllt, lässt sich nicht im Zaum halten. Das sollte auch in unserem Leben geschehen.

Wir müssen die Freude spüren, Christen zu sein! Wir glauben an einen Auferstandenen, der das Böse und den Tod überwunden hat! Wir müssen den Mut haben »hinauszugehen«, um diese Freude und dieses Licht an alle Orte unseres Lebens zu bringen! Die Auferstehung Christi ist unsere größte Gewissheit; sie ist der kostbarste Schatz! Wie sollten wir diesen Schatz, diese Gewissheit nicht mit den anderen teilen? Sie ist nicht nur für uns da, sie ist da, um weitergegeben zu werden, um sie den anderen zu schenken, um sie mit den anderen zu teilen. Gerade das ist unser Zeugnis.

*In den Evangelien haben die Frauen eine erstrangige, grundlegende Rolle*
Ein weiteres Element: In den Glaubensbekenntnissen des Neuen Testaments werden als Zeugen der Auferstehung nur Männer erwähnt, die Apostel, aber nicht die Frauen. Das liegt daran, dass nach dem jüdischen Gesetz jener Zeit Frauen und Kinder kein verlässliches, glaubwürdiges Zeugnis geben konnten. In den Evangelien dagegen haben die Frauen eine erstrangige, grundlegende Rolle. Hier können wir ein Element erblicken, das für die Geschichtlichkeit der Auferstehung spricht: Wenn sie erfunden wäre, dann wäre sie im Kontext jener Zeit nicht mit dem Zeugnis von Frauen verbunden worden. Die Evangelisten berichten jedoch einfach das, was geschehen ist: Die Frauen sind die ersten Zeuginnen. Das heißt, dass Gott nicht nach menschlichen Maßstäben auserwählt: Die ersten Zeugen der Geburt Jesu sind die Hirten, einfache und bescheidene Menschen; die ersten Zeuginnen der Auferstehung sind die Frauen.

Und das ist schön. Und das ist ein bisschen die Sendung der Frauen: der Mütter, der Frauen! Den Kindern, den Enkeln Zeugnis geben, dass Jesus lebt, dass er der Lebendige ist, dass er auferstanden ist! Mütter und Frauen, gebt weiter dieses Zeugnis! Für Gott zählt das Herz, es zählt, wie offen wir für ihn sind, ob wir wie Kinder sind, die Vertrauen haben. Das bringt uns jedoch auch zum Nachdenken darüber, dass die Frauen in der Kirche und auf dem Glaubensweg eine besondere Rolle gehabt haben und auch heute haben, um dem Herrn die Türen zu öffnen, ihm nachzufolgen und sein Antlitz zu vermitteln, denn der Blick des Glaubens bedarf immer des schlichten und tiefen Blicks der Liebe. Die Apostel und die Jünger tun sich schwerer zu glauben. Die Frauen nicht.

(Generalaudienz, 3. 4. 2013)

## Maria Magdalena: Eintauchen in die Quelle österlicher Freude

Frohe Ostern! »Christòs anèsti! – Alethòs anèsti!«, »Christus ist auferstanden! – Er ist wahrhaft auferstanden!« Er ist unter uns, hier auf dem Platz!

Lassen wir es zu, dass das freudige Staunen des Ostersonntags in die Gedanken, Blicke, Haltungen, Gesten und Worte ausstrahlt ... Wären wir doch so strahlend! Doch das ist keine Kosmetik! Es kommt von innen, von einem in die Quelle dieser Freude eingetauchten Herzen, wie das von Maria Magdalena, die wegen des Verlustes ihres Herrn weinte und ihren Augen nicht traute, als sie sah, dass er auferstanden war. Wer diese Erfahrung macht, wird Zeuge der Auferstehung, weil er in einem gewissen Sinn selbst auferstanden ist, weil sie selbst auferstanden ist. Dann ist man fähig, einen »Strahl« des Lichts des Auferstandenen in die verschiedenen Lebenssituationen hineinzutragen: in

*Die Sendung der Christin von den Anfängen her*

die glücklichen Situationen, die er schöner macht und vor dem Egoismus bewahrt; in die schmerzhaften Situationen, indem er Gelassenheit und Hoffnung bringt.

(Regina Coeli, Ostermontag, 21. 4. 2014)

## Maria Magdalena: Wenn Gott verzeiht, vergisst er

Da ist die *Liebe der Sünderin*, die sich vor dem Herrn demütigt; doch noch vorher ist da die *barmherzige Liebe Jesu* zu ihr, durch die sie gedrängt wird, zu ihm zu gehen. Ihre Tränen der Reue und der Freude waschen die Füße des Meisters, und ihr Haar trocknet sie voll Dankbarkeit. Die Küsse sind Ausdruck ihrer lauteren Zuneigung, und das reichlich ausgegossene wohlriechende Öl bezeugt, wie kostbar er in ihren Augen ist. Jede Geste dieser Frau spricht von Liebe und drückt ihre Sehnsucht nach einer unerschütterlichen Gewissheit in ihrem Leben aus: nach der Gewissheit, Vergebung erlangt zu haben. Diese Gewissheit ist etwas Wunderschönes! Und Jesus gibt ihr diese Gewissheit: Indem er sie annimmt, zeigt er ihr die Liebe Gottes zu ihr, ausgerechnet zu ihr, einer öffentlichen Sünderin! Die Liebe und die Vergebung sind gleichzeitig: Gott vergibt ihr viel, er vergibt ihr alles, weil sie »so viel Liebe gezeigt« hat (Lk 7,47); und sie verehrt Jesus, weil sie spürt, dass in ihm Barmherzigkeit regiert und nicht Verurteilung. Sie spürt, dass Jesus sie voll Liebe versteht, sie, die eine Sünderin ist. Um Jesu willen wirft Gott ihre vielen Sünden hinter sich, er denkt nicht mehr an sie (vgl. Jes 43,25). Denn auch das ist wahr: Wenn Gott verzeiht, vergisst er. Großartig ist die Vergebung Gottes! Für sie beginnt jetzt eine neue Zeit; sie ist in der Liebe wiedergeboren zu einem neuen Leben.

Diese Frau ist wirklich dem Herrn begegnet. In der Stille hat sie ihm ihr Herz geöffnet; im Schmerz hat sie ihm ihre Reue über ihre Sünden gezeigt; mit ihren Tränen hat sie an die göttliche Güte appelliert, um die Vergebung zu erlangen. Für sie wird es kein Urteil geben außer dem, das von Gott kommt, und das ist das Urteil der Barmherzigkeit. Das entscheidende Element in dieser Begegnung ist gewiss die Liebe, die Barmherzigkeit, die über das Urteil hinausgeht.

(Predigt, 13. 3. 2015)

## Die alte Prophetin Anna: Die erste Verkünderin Jesu

Das Alter ist eine Berufung. Es ist noch nicht der Augenblick, »die Ruder einzuziehen«. Dieser Lebensabschnitt ist anders als die vorangegangenen, daran besteht kein Zweifel; wir müssen ihn auch selbst ein wenig zu gestalten wissen, denn unsere Gesellschaften sind geistlich und moralisch noch nicht bereit, diesem Augenblick des Lebens seinen vollen Wert zu geben. Früher war es in der Tat nicht so selbstverständlich, Zeit zur Verfügung zu haben; heute ist es viel normaler. Und auch die christliche Spiritualität traf dies etwas überraschend; es geht jetzt darum, eine Spiritualität der älteren Menschen zu entwerfen. Aber gottlob fehlt es nicht an Zeugnissen heiliger Männer und Frauen!

Ich war sehr beeindruckt von der Begegnung mit alten Menschen, die wir im vergangenen Jahr hier auf dem Petersplatz abgehalten haben; der Platz war voll. Ich habe Geschichten von betagten Menschen angehört, die sich den anderen widmen, und auch Geschichten von Ehepaaren, die sagten: »Wir feiern den

50. Hochzeitstag, wir feiern den 60. Hochzeitstag.« Es ist wichtig, den jungen Menschen, die leicht ermüden, dies zu zeigen; das Zeugnis der alten Menschen in der Treue ist wichtig. Und viele waren an jenem Tag auf diesem Platz. Diese Reflexion muss fortgesetzt werden, sowohl im kirchlichen als auch im zivilen Bereich.

*Sie hatten keine wichtigere Aufgabe als dies: auf den Herrn warten und beten*

Das Evangelium kommt uns entgegen mit einem sehr schönen, bewegenden und ermutigenden Bild. Es ist das Bild von Simeon und Hanna, von denen uns das Evangelium von der Kindheit Jesu berichtet, das vom heiligen Lukas verfasst wurde. Sie waren gewiss alt, der »greise« Simeon und die »Prophetin« Hanna, die 84 Jahre alt war. Er versteckte das Alter dieser Frau nicht. Im Evangelium heißt es, dass sie jeden Tag auf das Kommen Gottes warteten, mit großer Treue, seit vielen Jahren. Sie wollten jenen Tag sehen, seine Zeichen erkennen, seinen Beginn spüren. Vielleicht hatten sie auch schon etwas damit abgefunden, vorher zu sterben: Aber jenes lange Warten nahm auch weiterhin ihr ganzes Leben ein. Sie hatten keine wichtigere Aufgabe als dies: auf den Herrn warten und beten. Als nun Maria und Josef zum Tempel kamen, um die Vorschriften des Gesetzes zu erfüllen, setzten Simeon und Hanna sich schwungvoll in Bewegung, beseelt vom Heiligen Geist (vgl. Lk 2,27). Die Last des Alters und des Wartens verschwand in einem Augenblick. Sie erkannten das Kind und entdeckten eine neue Kraft, für eine neue Aufgabe: für dieses Zeichen Gottes Dank zu sagen und Zeugnis abzulegen. Simeon stimmte einen wunderschönen Lobpreis an (vgl. 2,29–32) – er war in jenem Augenblick ein Poet –, und Hanna wurde zur ersten Verkünderin Jesu: Sie »sprach über das Kind zu allen, die auf die Erlösung Jerusalems warteten« (Lk 2,38).

(Generalaudienz, 11. 3. 2015)


## Die alte Prophetin Anna: Möge der Herr uns immer weise Alte geben

Die Alten! Sie sind unsere Weisheit, sind die Weisheit der Kirche; die alten Menschen, die wir so oft aussondern, die Großeltern, die Alten ... Und dieses Großmütterchen, die Hanna, sie hat etwas Außerordentliches in der Kirche getan: Sie hat die Geschwätzigkeit geheiligt! Und wie hat sie das getan? So: Anstatt gegen jemanden Geschwätz zu verbreiten, ist sie von einem zum andern gegangen und hat [von Jesus] gesagt: »Der ist es, der ist es, der uns retten wird!« Und das ist etwas Gutes. Die Großmütter und die Großväter sind unsere Stärke und unsere Weisheit. Möge der Herr uns immer weise Alte geben! Alte Menschen, die uns das Gedächtnis unseres Volkes, das Gedächtnis der Kirche übermitteln. Und sie mögen uns auch das vermitteln, was der Hebräerbrief über sie sagt: den Sinn für die Freude. Dort heißt es, dass die Alten die Verheißungen »von fern« grüßten (11,13): Mögen sie uns das lehren!

(An die Teilnehmer der 37. Nationalversammlung der Charismatischen Bewegung »Rinnovamento nello Spirito Santo«, 1. 6. 2014)

## Die Witwe und der Richter

Im heutigen Evangelium erzählt Jesus ein Gleichnis über die Notwendigkeit, allezeit zu beten und darin nicht nachzulassen. Die Hauptperson ist eine Witwe, der es dadurch, dass sie einen unehrlichen Richter immer wieder bittet, gelingt, sich von ihm zu ihrem Recht verhelfen zu lassen. Und Jesus schließt: Wenn es der Witwe gelungen ist, jenen Richter zu überzeugen, sollte Gott uns nicht anhören, wenn wir beharrlich zu ihm beten? Der Ausdruck Jesu ist sehr stark: »Sollte Gott seinen Auserwählten, die Tag und Nacht zu ihm schreien, nicht zu ihrem Recht verhelfen?« (Lk 18,7).

»Tag und Nacht zu Gott schreien«! Dieses Bild des Betens beeindruckt uns. Doch fragen wir uns: Warum will Gott das? Kennt er nicht schon unsere Bedürfnisse? Welchen Sinn hat es, bei Gott »nicht nachzulassen«? Das ist eine gute Frage, die uns einen sehr wichtigen Aspekt des Glaubens vertiefen lässt: Gott lädt uns nicht zum beharrlichen Gebet ein, weil er nicht weiß, wessen wir bedürfen, oder weil er uns nicht zuhört. Im Gegenteil, er hört immer und kennt uns alle, mit Liebe. Auf unserem täglichen Weg, besonders in den Schwierigkeiten, beim Kampf gegen das Böse in uns und um uns ist der Herr nicht fern, er steht an unserer Seite. Wir kämpfen zusammen mit ihm, der neben uns ist, und unsere Waffe ist gerade das Gebet, das uns seine Gegenwart neben uns, sein Erbarmen, auch seine Hilfe verspüren lässt.

Lernen wir also von der Witwe des Evangeliums, immer zu beten, ohne müde zu werden. Sie war tüchtig, diese Witwe! Sie verstand es, für ihre Kinder zu kämpfen! Und ich denke an die vielen Frauen, die für ihre Familie kämpfen, die beten, die nie ermüden. Immer beten, nicht aber, um den Herrn kraft der Worte zu überzeugen! Er weiß besser als wir, was wir brauchen! Vielmehr ist das beharrliche Gebet Ausdruck des Glaubens an einen Gott, der uns ruft, mit ihm zu kämpfen, alle Tage, jeden Augenblick, um das Böse durch das Gute zu besiegen.

(Angelus, 20. 10. 2013)

## Die Witwe von Nain: Auch die Kirche ist Witwe

Wie eine Mutter, die uns liebt, die uns verteidigt, die uns die Kraft verleiht, im Kampf gegen das Böse weiterzumachen. Das ist das Bild der Kirche, das Papst Franziskus am Dienstag, 17. September, im Verlauf der Messe vorstellte, die er früh in Santa Marta feierte. In seiner Auslegung der Schriftlesung aus dem Lukasevangelium, wo über die Auferweckung des Sohnes der Witwe aus Nain berichtet wird (7,11–17), beschrieb der Papst, wie Jesus, der die Frau vor dem Leichnam ihres einzigen Sohnes sah, »von großem Mitleid ergriffen wurde«. Und er definierte dieses Gefühl Christi als »die Fähigkeit, mit uns mitzuleiden, unserem Leiden nahe zu sein und es sich zu eigen zu machen«.

Überdies habe er nur allzu gut gewusst, »was es zu jener Zeit heißen wollte, eine verwitwete Frau zu sein«, zu einer Zeit, als verwitwete Mütter, die ihre Kinder großziehen mussten, von der Hilfe und der Großzügigkeit anderer abhängig waren. Das ist der Grund dafür, dass die damaligen Gebote so sehr hierauf bestehen: »Den Witwen und Waisen helfen, da diese zu jener Zeit die einsamsten und verlassensten Glieder der Gesellschaft waren.«

*Witwenschaft: ein Abbild der Kirche*
Die Gedanken des Bischofs von Rom schweiften dann zu den anderen Witwen, von denen in der Bibel die Rede ist. Der Herr

erweist ihnen eine ganz besondere »Fürsorge, eine ganz besondere Liebe«, bis an den Punkt, dass sie »ein Abbild der Kirche« darstellen, »denn«, so erläuterte er, »auch die Kirche ist in einem gewissen Sinne Witwe: Ihr Bräutigam ist von ihr gegangen und sie geht durch die Geschichte, in der Hoffnung, ihn wiederzufinden, mit ihm zusammenzutreffen. In jenem Augenblick wird sie endgültig seine Braut sein.« Aber, so mahnte er, »in der Zwischenzeit ist die Kirche allein«, und der Herr ist unsichtbar für sie: Folglich »trägt sie auch gewisse Züge der Witwenschaft«.

Eine erste Konsequenz dieser Witwenschaft besteht darin, dass die Kirche »mutig« wird, wie eine Mutter, »die ihre Kinder verteidigt«, geradeso wie jene Witwe des Evangeliums, »die zu einem bestechlichen Richter ging, um ihre Kinder zu verteidigen, und die am Ende gesiegt hat.« Denn, so unterstrich der Papst, »unsere Mutter, die Kirche, verfügt über jenen Mut einer Frau, die weiß, dass es ihre Kinder sind und sie sie verteidigen und zur Begegnung mit ihrem Bräutigam führen muss.«

Aus dem Mut leitet sich dann ein zweites Element ab, die Stärke, wie es andere Witwen bezeugen, die in der Bibel beschrieben werden: Eine von ihnen ist Noomi, die Urgroßmutter des David, »die sich nicht davor fürchtete, allein zurückzubleiben«, oder jene makkabäische Witwe mit sieben Söhnen, »die, um Gottes Gesetz nicht abzuschwören, vom Tyrannen in den Märtyrertod geschickt wurden.« Bei dieser Frau hat ein Detail Papst Franziskus ganz besonders betroffen gemacht: die Tatsache, dass die Bibel hervorhebt, »dass sie in ihrem Dialekt, in der Muttersprache redete«, geradeso, wie es »unsere Mutter, die Kirche« tut, die zu uns »in jener Sprache der wahren Rechtgläubigkeit« spricht, »die wir alle verstehen, in der Sprache des Katechismus, in dieser starken Sprache, die uns stärkt und uns auch die Kraft dazu verleiht, den Kampf gegen das Böse fortzusetzen.«

Der Papst betonte dann, indem er seine Überlegungen zusammenfasste, »die Dimension der Witwenschaft der Kirche, die durch die Geschichte geht in der Hoffnung, ihrem Bräutigam zu begegnen, ihn wiederzufinden.« Im Übrigen, so hob er hervor, »ist unsere Mutter, die Kirche, so beschaffen: Sie ist eine Kirche, die dann, wenn sie treu ist, zu weinen vermag, sie weint um ihre Kinder und betet.« Ja, »wenn die Kirche nicht weint, dann stimmt etwas nicht«; wogegen die Kirche dann gut funktioniert, wenn sie »vorangeht und ihre Kinder großzieht, wenn sie ihnen Kraft einflößt, wenn sie sie bis zum letzten Abschied begleitet, um sie dann den Händen ihres Bräutigams zu überlassen, dem auch sie am Ende wieder begegnen wird.«

*Wie der Herr die Witwe tröstet*
Und da der Papst »unsere Mutter, die Kirche, in jener Witwe, die weint«, sieht, muss man sich die Frage stellen, was der Herr zu jener Mutter sagt, um sie zu trösten. Die Antwort ist in Jesu eigenen Worten enthalten, die uns bei Lukas überliefert sind: »Weine nicht!« Worte, die zu sagen scheinen: Weine nicht, denn »ich bin bei dir, ich begleite dich, ich erwarte dich dort, bei der Hochzeit, der letzten Hochzeit, der des Lammes«; höre auf zu weinen, »dieser dein Sohn, der tot war, lebt jetzt«. Und zu diesem selbst, der dritten Person, die in dieser biblischen Geschichte auftritt, sagt der Herr: »Ich befehle dir, junger Mann: Steh auf!« Dem Papst zufolge sind das genau dieselben Worte, die der Herr im Sakrament der Versöhnung an die Menschen richtet, »wenn wir durch die Sünde tot sind und hingehen, um ihn um Vergebung zu bitten«.

Der Bericht des Lukas endet mit der Beschreibung des toten jungen Mannes, der sich aufsetzt und zu sprechen beginnt, und mit der Schilderung Jesu, der ihn seiner Mutter zurückgibt. Ge-

*Die Sendung der Christin von den Anfängen her*

radeso, wie er es mit uns tut, darauf wies der Papst hin, »wenn er uns vergibt, wenn er uns das Leben wiedergibt«, denn »unsere Versöhnung endet nicht im Dialog« mit dem Priester, der uns die Absolution erteilt, sondern sie wird in dem Augenblick vollendet, »wo er uns unserer Mutter zurückgibt«.

Tatsächlich, so schloss er, »gibt es keinen Lebensweg, keine Vergebung, keine Aussöhnung außerhalb der Mutter, der Kirche«, weshalb es immer notwendig ist, »den Herrn um die Gnade zu bitten, Vertrauen in diese Mutter zu haben, die uns verteidigt, lehrt und wachsen lässt.«

(Predigt in Santa Marta, 17. 9. 2013)

## Die Ehebrecherin: Vergebung in einer Liebkosung

»Gott vergibt nicht per Dekret, sondern mit einer Liebkosung.« Und mit der Barmherzigkeit »geht Jesus noch über das Gesetz hinaus und vergibt, indem er die Wunden unserer Sünden streichelt«. Dieser großen Zärtlichkeit Gottes hat Papst Franziskus die Predigt der Messe gewidmet, die er am Montag, 7. April, im Haus Santa Marta feierte.

»Die heutigen Schriftlesungen«, so erläuterte der Papst, »sprechen vom Ehebruch«, zusammen mit Gotteslästerung und Götzendienst, »im Mosaischen Gesetz als eine höchst schwerwiegende Sünde« betrachtet und »mit der Todesstrafe« durch Steinigung bestraft. In der Tat »verstößt« der Ehebruch »gegen Gottes Ebenbild, gegen Gottes Treue«, denn »die Ehe ist das Symbol – und auch eine menschliche Wirklichkeit – des treuen Bundes Gottes mit seinem Volk«. So »befleckt man, wenn man die Ehe durch einen Ehebruch zerstört, diese Beziehung zwischen Gott und seinem Volk«. Zu jener Zeit sei das »eine schwerwiegende Sünde« gewesen, da man »gerade das Symbol für die Beziehung zwischen Gott und seinem Volk, das Symbol der Treue Gottes befleckt habe«.

*Sollen wir sie etwa nicht steinigen?*
Im Tagesevangelium (Joh 8,1–11) wird die Geschichte der Ehebrecherin erzählt. »Wir begegnen Jesus: Er saß da, unter sehr vielen Menschen, als Katechet, er lehrte.« Dann »näherten sich ihm die Schriftgelehrten und die Pharisäer mit einer Frau, die sie herbeizerrten, vielleicht mit gefesselten Händen, wir können es uns vorstellen.« Und so »stellten sie sie in die Mitte und beschuldigten sie: Das ist eine Ehebrecherin!« Sie »klagten sie öffentlich an«. Und, so berichtet das Evangelium, sie stellten Jesus eine Frage: »Was müssen wir tun mit dieser Frau? Du sprichst über die Güte, aber Mose hat uns im Gesetz vorgeschrieben, dass wir sie töten sollen!« Sie sagten das, merkte der Papst an, »um ihn auf die Probe zu stellen, um einen Vorwand zu haben, um ihn anzuklagen.« In der Tat, »wenn Jesus gesagt hätte: Ja, fangt mit der Steinigung an«, dann hätten sie die Möglichkeit gehabt, zu den Leuten zu sagen: »Ach, ist das euer ach so guter Meister? Schaut, was er dieser armen Frau angetan hat!« Wenn Jesus hingegen »gesagt hätte: Nein, die arme Frau, vergebt ihr!«, dann hätten sie ihn beschuldigen können, »das Gesetz nicht zu erfüllen«. Ihr einziges Ziel sei gewesen, Jesus »auf die Probe zu stellen und ihm eine Falle zu stellen«. »Die Frau war ihnen völlig gleichgültig; die Ehebrecher waren ihnen gleichgültig.« Ja, »vielleicht waren einige von ihnen sogar selbst Ehebrecher.« Jesus seinerseits wollte, obwohl viele Menschen ihn umringten, »mit der Frau allein zurückbleiben, er wollte das Herz dieser Frau ansprechen: Das ist für Jesus das Wichtigste.« Und »das Volk war allmählich

*Die Sendung der Christin von den Anfängen her*

weggegangen«, nachdem es seine Worte gehört hatte: »Wer von euch ohne Sünde ist, werfe als Erster einen Stein auf sie.«

»Das Evangelium«, so kommentierte der Bischof von Rom, »berichtet mit einer gewissen Ironie, dass alle weggegangen seien, einer nach dem anderen, angefangen bei den Ältesten: Man sieht, dass sie in der Himmelsbank ein schönes Sündenkonto eröffnet hatten!« Nun sei »der Augenblick des Beichtvaters Jesus gekommen«. Er bleibe »allein mit der Frau«, die »da in der Mitte« stehengeblieben sei. In der Zwischenzeit »hatte sich Jesus gebückt und mit dem Finger auf die Erde geschrieben. Einige Exegeten sagen, dass Jesus die Sünden dieser Schriftgelehrten und Pharisäer niedergeschrieben habe. Vielleicht ist das auch nur Einbildung.« Dann »richtete er sich auf und schaute« die Frau an, die »sich sehr schämte, und sagte zu ihr: ›Frau, wo sind sie geblieben? Hat dich keiner verurteilt?‹ Wir sind allein hier, du und ich. Du im Angesicht Gottes. Ohne Beschuldigungen, ohne Gerede: du und Gott.«

*Ohne Beschuldigungen, ohne Gerede: Du und Gott*
Die Frau erkläre nicht etwa, ein Opfer »falscher Anschuldigungen« geworden zu sein, sie verteidige sich nicht, indem sie behaupte: »Ich habe keinen Ehebruch begangen.« Nein, »sie gesteht ihre Sünde« und antwortet Jesus: »Keiner, Herr, hat mich verurteilt.« Jesus seinerseits sage zu ihr: »›Auch ich verurteile dich nicht. Geh und sündige von jetzt an nicht mehr‹, um keine solche Schande zu erleben, um Gott nicht zu beleidigen, um nicht die schöne Beziehung zwischen Gott und seinem Volk zu beflecken.«

Also »vergibt Jesus. Aber wir haben es hier mit etwas mehr als der Vergebung zu tun. Denn Jesus geht als Beichtvater über das Gesetz hinaus.« In der Tat »sagte das Gesetz, dass sie bestraft werden musste.« Im Übrigen war Jesus »ohne Sünde und hätte den ersten Stein werfen können.« Aber er »geht darüber hinaus. Er sagt nicht zu ihr: Der Ehebruch ist keine Sünde. Aber er verurteilt sie nicht nach dem Gesetz.« Genau das »ist das Geheimnis der Barmherzigkeit Jesu.« So gehe »Jesus, um Barmherzigkeit zu üben«, über »das Gesetz hinaus, das die Steinigung vorschrieb«. Er gehe so weit, zu der Frau zu sagen, sie solle in Frieden gehen. »Die Barmherzigkeit«, so erläuterte der Papst, »ist etwas, was schwer zu verstehen ist: Sie tilgt die Sünden nicht«, denn was die Sünden tilgt, »ist die Vergebung Gottes«.

Aber »die Barmherzigkeit ist die Art und Weise, auf die Gott vergibt.« Denn »Jesus hätte sagen können: Aber ich vergebe dir, geh! Wie er zu jenem Gelähmten gesagt hat: Deine Sünden sind dir vergeben!« In dieser Situation »geht Jesus noch darüber hinaus« und er empfehle der Frau, »nicht mehr zu sündigen«. Und »hier sieht man das barmherzige Verhalten Jesu: Er verteidigt die Sünder vor ihren Feinden, er verteidigt den Sünder vor einer gerechten Verurteilung.«

Das, so fügte der Papst hinzu, »gilt auch für uns«. Und er bekräftigte: »Wie viele von uns würden doch verdienen, eine Strafe zu erhalten! Und sie wäre auch gerecht. Aber er vergibt!« Wie? »Mit dieser Barmherzigkeit«, die »die Sünde nicht auslöscht: Es ist die Vergebung Gottes, die sie auslöscht«, während die Barmherzigkeit »noch darüber hinausgeht«. Sie sei »wie der Himmel: Wir schauen den Himmel an, die vielen Sterne, aber wenn am Morgen die Sonne aufgeht, dann kann man vor lauter Licht die Sterne nicht mehr sehen.« Und »so ist die Barmherzigkeit Gottes: ein großes Licht der Liebe, der Zärtlichkeit«. Denn »Gott vergibt nicht per Dekret, sondern mit einer Liebkosung«. Er tue das, »indem er die Wunden unserer Sünden streichelt, denn er hat Teil an der Vergebung, er hat Teil an unserem Heil«.

*Die Sendung der Christin von den Anfängen her*

Auf diese Weise, so schloss Papst Franziskus, »ist Jesus Beichtvater«. Er demütige die ehebrecherische Frau nicht, »er sagt nicht zu ihr: Was hast du getan, wann hast du es getan, wie hast du es getan und mit wem hast du es getan?« Er sage dagegen zu ihr, sie solle »gehen und nicht mehr sündigen: Das ist die große Barmherzigkeit Gottes, die große Barmherzigkeit Jesu: uns zu vergeben, indem er uns liebkost.«

(Predigt in Santa Marta, 7. 4. 2014)

## Das Bessere wählen: Marta und Maria

Wer sind diese beiden Frauen? Marta und Maria, die Schwestern des Lazarus, sind Verwandte und treue Jüngerinnen des Herrn, die in Betanien wohnten. Der hl. Lukas beschreibt sie so: Maria, zu Füßen Jesu, »hörte seinen Worten zu«, während Marta ganz davon in Anspruch genommen war, für ihn zu sorgen (vgl. Lk 10,39–40).

Beide nehmen Jesus bei seiner Durchreise freundlich auf, doch sie tun dies auf unterschiedliche Weise. Maria setzt sich dem Herrn zu Füßen und hört zu, Marta dagegen lässt sich von den Dingen vereinnahmen, die es vorzubereiten gilt, und sie ist so beschäftigt, dass sie sich an den Herrn wendet und sagt: »Herr, kümmert es dich nicht, dass meine Schwester die ganze Arbeit mir allein überlässt? Sag ihr doch, sie soll mir helfen!« (V. 40). Und Jesus antwortet ihr, indem er sie freundlich tadelt: »Marta, Marta, du machst dir viele Sorgen und Mühen. Aber nur eines ist notwendig« (V. 41–42).

*Handeln und beten: keine Gegensätze*
Was will Jesus sagen? Was ist dieses eine, dessen wir bedürfen? Vor allem ist es wichtig zu verstehen, dass es sich um keine Entgegensetzung von zwei Verhaltensweisen handelt: zwischen dem Hören auf das Wort des Herrn, der Kontemplation, und dem konkreten Dienst am Nächsten. Es sind keine zwei einander entgegengesetzte Haltungen, sondern im Gegenteil zwei Aspekte, die beide für unser christliches Leben wesentlich sind; Aspekte, die niemals getrennt werden dürfen, sondern in tiefer Einheit und Harmonie gelebt werden müssen.

Warum aber wird Marta nun getadelt, wenngleich auf sanfte Weise? Weil sie allein das, was sie tat, für wesentlich hielt, weil sie zu sehr vereinnahmt und von den Dingen in Anspruch genommen war, die zu tun waren. In einem Christen sind die Werke des Dienstes und der Nächstenliebe nie von der Grundquelle all unseres Handelns abgetrennt: dem Hören des Wortes des Herrn, dem Verweilen zu Füßen Jesu in der Haltung des Jüngers – wie Maria. Und daher wird Marta getadelt.

Auch in unserem christlichen Leben müssen Gebet und Handeln immer zutiefst vereint sein. Ein Gebet, das nicht zum konkreten Handeln gegenüber dem armen, kranken, hilfsbedürftigen Bruder, dem Bruder in Not führt, ist ein steriles und unvollständiges Gebet. Wenn man aber gleichzeitig im kirchlichen Dienst allein auf das Tun achtet, wenn man den Dingen, den Funktionen, den Strukturen mehr Gewicht beimisst und dabei die Zentralität Christi vergisst, sich keine Zeit nimmt für den Dialog mit ihm im Gebet, so läuft man Gefahr, sich selbst zu dienen und nicht dem im bedürftigen Bruder gegenwärtigen Gott.

(Angelus, 21. 7. 2013)

# Unersetzlich in der Welt

*Die Frau in der Gesellschaft*

*Neue Verantwortung muss der Frau in der Welt zukommen, sagt Papst Franziskus. Zugleich darf dies ihre Verantwortung für die Familie nicht verdrängen. Die Talente der Frau – Takt, Wahrnehmungsvermögen, Zärtlichkeit – sind überall vonnöten: »Ohne diese Begabungen der Frau kann die Berufung des Menschen nicht verwirklicht werden.«*

## Mehr nachdenken über Vereinbarkeit von Beruf und Familie

Mit Freude habe ich gesehen, dass viele Frauen pastorale Verantwortung mit den Priestern gemeinsam ausüben, so im Rahmen der Begleitung von Einzelnen, Familien oder Gruppen und in der theologischen Reflexion; und ich habe den Wunsch ausgesprochen, dass die Räume für eine wirksamere weibliche Präsenz in der Kirche noch erweitert werden (vgl. das apostolische Schreiben »Evangelii gaudium«, 103).

Diese neuen Räume und Verantwortungen, die sich eröffnet haben und die sich, wie ich lebhaft hoffe, sowohl im kirchlichen wie im gesellschaftlichen und beruflichen Bereich noch weiter für die Gegenwart und Tätigkeit der Frauen öffnen mögen, dürfen aber nicht die unersetzbare Rolle der Frau innerhalb der Familie vergessen lassen. Die Gaben des Taktgefühls, einer stark ausgeprägten Sensibilität und Zärtlichkeit, an denen die Seele der Frau reich ist, stellen nicht nur eine authentische Stärke für das Familienleben dar, für die Ausstrahlung einer frohen und harmonischen Atmosphäre, sondern sie sind auch eine Wirklichkeit, ohne die die Berufung des Menschen niemals verwirklicht werden könnte. Und das ist wichtig. Ohne diese Haltung, ohne diese Begabungen der Frau kann die Berufung des Menschen nicht verwirklicht werden.

*Unersetzlich in der Familie, unersetzlich in der Welt:*
*die Talente der Frau*
Während es in der Welt der Arbeit und im Bereich des öffentlichen Lebens wichtig ist, dass der Genius der Frau einen größeren Beitrag leistet, bleibt dieser Beitrag stets unerlässlich in der Sphäre der Familie, die für uns Christen nicht einfach ein privater Raum ist, sondern jene »Hauskirche«, deren Gesundheit und Prosperität die Grundvoraussetzung für die Gesundheit und Prosperität der Kirche und der ganzen Gesellschaft ist. Denken wir an die Muttergottes: Die Muttergottes bewirkt etwas in der Kirche, das die Priester, die Bischöfe und die Päpste nicht bewirken können. Sie verkörpert den authentischen Genius der Frau. Und denken wir an die Muttergottes in den Familien. Daran, was die Muttergottes in einer Familie tut. Die Gegenwart der Frau im häuslichen Umfeld erweist sich folglich als absolut notwendig für die Weitergabe solider moralischer Prinzipien an die künftigen Generationen und für die Weitergabe des Glaubens selbst.

An diesem Punkt stellt sich die Frage: Wie kann die effiziente Präsenz in vielen Bereichen des öffentlichen Lebens, in der Welt der Arbeit und in jenen Sphären, wo die wichtigsten Entscheidungen getroffen werden, vermehrt und zugleich eine stete

Präsenz und ganz besonders bevorzugte Aufmerksamkeit in der und für die Familie gewahrt werden? Dies ist das Gebiet, auf dem Überlegungen angestellt werden müssen, die abgesehen von der Reflexion über das reale Leben der Frau in der Gesellschaft auch des ständigen und eifrigen Gebets bedarf.

(Rede vor dem Centro Italiano Femminile, 25. 1. 2014)


## Die Frau: im Westen diskriminiert, im Süden ausgebeutet

Frauen stehen in verschiedenen Teilen der Welt vor unterschiedlichen Herausforderungen und Schwierigkeiten. Im Westen erleben sie zuweilen immer noch Diskriminierungen am Arbeitsplatz, sie werden häufig gezwungen, zwischen Arbeit und Familie zu wählen, sie erleiden nicht selten Gewalt in ihrem Leben als Verlobte, Ehefrauen, Mütter, Schwestern und Großmütter.

In armen und unterentwickelten Ländern tragen Frauen die schwerste Last: Sie sind es, die auf der Suche nach Wasser täglich kilometerlange Wege zurücklegen müssen, die zu oft bei der Geburt ihrer Kinder sterben, die gekidnappt werden, um sexuell ausgebeutet zu werden, oder die in jungen Jahren oder gegen ihren Willen zur Heirat gezwungen werden. Zuweilen wird ihnen sogar das Recht auf Leben verweigert, nur weil sie weiblichen Geschlechts sind. All diese Probleme spiegeln sich in den zur Zeit bei den Vereinten Nationen diskutierten Vorschlägen für die *Post-2015-Agenda für Entwicklung.*

Euch alle, die ihr euch für die Verteidigung der Würde der Frau und die Förderung ihrer Rechte einsetzt, ermutige ich, euch im Dienst am Nächsten stets vom Geist der Menschlichkeit und des Mitleids führen zu lassen. Möge eure Arbeit zuallererst von professioneller Kompetenz gekennzeichnet sein, ohne Eigeninteresse oder oberflächlichen Aktivismus, sondern mit großherziger Hingabe. So werdet ihr die zahllosen Gaben Gottes bezeugen, die Frauen haben, indem sie andere ermutigen, bei der Beilegung größerer und kleinerer Konflikte, bei der Heilung von Wunden, bei der Sorge für das Leben auf allen Ebenen der Gesellschaft Feinfühligkeit, Verständnis und Dialog zu fördern, und indem sie Barmherzigkeit und Zärtlichkeit verkörpern, die Versöhnung und Einheit in unsere Welt bringen. All dies ist Teil des »Genius der Frau«, den unsere Gesellschaft so dringend braucht.

(Botschaft aus Anlass der Zweiten Internationalen Frauenkonferenz, Rom, 22. 5. 2015)

## Wirtschaft, Umwelt, Verantwortung: Auf integre Männer und Frauen zählen

Es ist nicht hinnehmbar, dass Tausende von Menschen weiterhin jeden Tag an Hunger sterben, obwohl erhebliche Mengen an Nahrung verfügbar sind und oft einfach verschwendet werden. Ebenso können wir nicht anders, als bewegt zu sein von den vielen Flüchtlingen, die ein Mindestmaß an würdigen Lebensbedingungen suchen und nicht nur keine Gastfreundschaft erfahren, sondern auch oft unterwegs auf tragische Weise ums Leben kommen. ...

Was wir brauchen, ist ein erneuerter, tiefgreifender und erweiterter Sinn für Verantwortung bei allen. »Die Tätigkeit eines Unternehmers ist eine edle Berufung, vorausgesetzt, dass er sich von einer umfassenderen Bedeutung des Lebens hinterfragen lässt« (Evangelii gaudium, 203). Solche Männer und Frauen sind in der Lage, dem Gemeinwohl effektiver zu dienen und die Güter dieser Welt für alle zugänglicher machen.

Die internationale Geschäftswelt kann auf viele Männer und Frauen zählen, die große persönliche Ehrlichkeit und Integrität aufweisen, deren Arbeit inspiriert und geleitet wird von hohen Idealen der Fairness, Großzügigkeit und Sorge für die authentische Entwicklung der Menschheitsfamilie. Ich fordere Sie auf, auf diese großen menschlichen und moralischen Ressourcen zurückzugreifen und diese Herausforderung mit Entschlossenheit und Weitsicht anzunehmen.

(Botschaft an den Präsidenten des World Economic Forums Davos, 17. 1. 2014)


## Mehr Rechte für Frauen und keine unerträglichen Arbeitszeiten

Die Familie hat eine ihr eigene Sendung im Dienst des Lebens. Sie hat Rechte, und um diese wahrzunehmen, braucht sie Unterstützung und Garantien. Gerade wegen der Verantwortung, die es mit sich bringt, Kinder zu bekommen und zu erziehen, steht den Familien geeignete Hilfe vonseiten der öffentlichen Einrichtungen und der Unternehmen zu, im Sinn einer wechselseitigen Zusammenarbeit.

Besondere Aufmerksamkeit muss der weiblichen Beschäftigung gelten. Viele Frauen fühlen das Bedürfnis, in ihren Rechten besser anerkannt zu werden, im Wert der Arbeit, die sie in den verschiedenen Bereichen des sozialen und beruflichen Lebens leisten, und in ihren Bestrebungen innerhalb der Familie und in der Gesellschaft. Einige von ihnen sind müde und fast erdrückt von der Last der Verpflichtungen und der Aufgaben, ohne dass sie das nötige Maß an Verständnis und Hilfe fänden. Es gilt sicherzustellen, dass die Frau nicht aus ökonomischen Zwängen heraus zu einer allzu harten Arbeit und zu unerträglichen Arbeitszeiten gezwungen wird, die sich zu ihren Verantwortungen als Leiterin des Haushalts und Erzieherin der Kinder summieren. Besonders aber ist zu bedenken, dass die Verpflichtungen der Frau auf allen Ebenen des Familienlebens auch ein unschätzbarer Beitrag zum Leben und zur Zukunft der Gesellschaft darstellen.

(Botschaft zur Eröffnung der III. Ausgabe des Festivals der Familie in Riva del Garda, 2. 12. 2014, eigene Übersetzung)

## Mädchen zur Verantwortung erziehen

Es ist heute sehr wichtig, dass die Frau angemessene Wertschätzung erhält, dass sie den Platz, der ihr zusteht, in ganzer Fülle in Anspruch nehmen kann, sowohl in der Kirche als auch in der Gesellschaft. Auch hier ist die Rolle von Erziehungsverbänden wie dem euren, die den Mädchen gewidmet sind, absolut wegweisend für die Zukunft, und eure Pädagogik muss in diesen Fragen deutlich sein. Wir leben in einer Welt, in der Ideologien verbreitet werden, die der Natur und dem Plan Gottes über die Familie und über die Ehe entgegenstehen. Es geht also darum, Mädchen nicht nur zur Schönheit und Größe ihrer Berufung als Frauen zu erziehen, in einer rechten und differenzierten Beziehung zwischen Mann und Frau, sondern auch darum, wichtige

Verantwortungen in der Kirche und in der Gesellschaft zu übernehmen. In einigen Ländern, in denen die Frau noch immer in einer untergeordneten Position ist und sogar ausgebeutet und misshandelt wird, seid ihr natürlich aufgerufen, eine wichtige Rolle im Rahmen der Förderung und Erziehung zu spielen.

(An die Delegierten der Internationalen Katholischen Konferenz der Pfadfinderinnen, 26. 6. 2015)

# Ehe und Familie

*Damit sie die Liebe sichtbar machen können*

*Recht gelebt, ist Ehe und Familie eine Schule der Heiligkeit. Ein Ort, an dem zu lernen ist, wie man den anderen annimmt und ihm treu ist, ein Leben lang. »Manchmal fliegen die Teller, das ist normal«, beruhigt Franziskus und verrät als Traupfarrer drei Wunderworte, die Brüche wieder kitten. Über allem aber steht die christliche Erkenntnis: Wir sind geschaffen, um zu lieben, als Abglanz Gottes und seiner Liebe. Diese Berufung verwirklichen Mann und Frau im Ehebund.*

## Jeder Mensch verdankt sein Leben einer Mutter

Jeder Mensch verdankt sein Leben einer Mutter, und fast immer verdankt er ihr viel in seinem Leben. Die Mutter findet jedoch, obwohl sie gerne hervorgehoben wird – es gibt so viele Gedichte und schöne Dinge, die poetisch über die Mutter gesagt werden – wenig Gehör, man hilft ihr wenig im täglichen Leben, sie erhält wenig Anerkennung in ihrer zentralen Rolle in der Gesellschaft.

Auch in der christlichen Gemeinde kommt es vor, dass die Mutter nicht immer gebührend berücksichtigt wird, dass man ihr wenig Gehör schenkt. Dennoch steht im Mittelpunkt des Lebens der Kirche die Mutter Jesu. Vielleicht sollten die Mütter, die für ihre eigenen Kinder und nicht selten auch für die Kinder anderer zu vielen Opfern bereit sind, mehr Gehör finden. Man sollte ihr tägliches Ringen besser verstehen, um am Arbeitsplatz leistungsfähig und in der Familie aufmerksam und liebevoll zu sein; man sollte besser verstehen, wonach sie streben, um die besten und wahren Früchte ihrer Emanzipation zum Ausdruck zu bringen. Eine Mutter mit Kindern hat immer Probleme, immer Arbeit. Ich erinnere mich, dass wir zuhause fünf Kinder waren, und während eines dies tat, hatte ein anderes jenes im Sinn, und die arme Mutter ging hin und her, aber sie war glücklich. Sie hat uns sehr viel gegeben.

*Mütter teilen sich*
Die Mütter sind das stärkste Gegenmittel gegen die Verbreitung des egoistischen Individualismus. »Individuum« heißt »unteilbar«. Die Mütter dagegen »teilen« sich von dem Augenblick an, in dem sie ein Kind in sich empfangen, um es zur Welt zu bringen und heranwachsen zu lassen. Sie, die Mütter, sind es, die den Krieg, der ihre Kinder tötet, am meisten hassen. Oft habe ich an die Mütter gedacht, die den Brief erhalten: »Ich teile Ihnen mit, dass Ihr Sohn zur Verteidigung des Vaterlandes gefallen ist …« Die armen Frauen! Wie sehr leidet eine Mutter! Sie sind es, die die Schönheit des Lebens bezeugen.

Erzbischof Óscar Arnulfo Romero sagte, dass die Mütter ein »mütterliches Martyrium« leben. In der Predigt zur Beisetzung eines von den Todesschwadronen ermordeten Priesters sagte er im Anklang an das Zweite Vatikanische Konzil: »Wir alle müssen bereit sein, für unseren Glauben zu sterben, auch wenn der Herr uns diese Ehre nicht zuteilwerden lässt … Das Leben hingeben bedeutet nicht nur, getötet zu werden: Das Leben hingeben, den Geist des Martyriums besitzen, bedeutet, es in der Pflicht, in der Stille, im Gebet, in aufrichtiger Pflichterfüllung hinzugeben, in der Stille des täglichen Lebens. Das Leben nach und nach hingeben? Ja, wie eine Mutter es hingibt, die ohne Furcht, in der Einfachheit des mütterlichen Martyriums, in ihrem Schoß ein Kind empfängt, es zur Welt bringt, es stillt, es heranwachsen lässt und liebevoll für es Sorge trägt. Das bedeutet, das Leben hinzugeben. Das ist Martyrium.« So weit das Zitat.

*Mütter schenken sich*
Ja, Mutter zu sein bedeutet nicht nur, ein Kind zur Welt zu bringen, sondern es ist auch eine Lebensentscheidung. Was wählt eine Mutter, was ist die Lebensentscheidung einer Mutter? Die Lebensentscheidung einer Mutter ist die Entscheidung, das Leben hinzugeben. Und das ist groß, das ist schön. Eine Gesellschaft ohne Mütter wäre eine unmenschliche Gesellschaft, denn die Mütter wissen stets, auch in den schlimmsten Augenblicken, Zärtlichkeit, Hingabe, moralische Kraft zu bezeugen. Die Mütter geben oft auch den tiefsten Sinn der Glaubenspraxis weiter: In den ersten Gebeten, in den ersten Gesten der Frömmigkeit, die ein Kind erlernt, ist der Wert des Glaubens im Leben eines Menschen eingeschrieben.

Das ist eine Botschaft, die gläubige Mütter ohne viele Erklärungen weiterzugeben wissen: Diese kommen später, aber die Keimzelle des Glaubens liegt in jenen ersten, sehr kostbaren Augenblicken. Ohne die Mütter gäbe es nicht nur keine neuen Gläubigen, sondern der Glaube würde einen Großteil seiner einfachen und tiefen Wärme verlieren. Und die Kirche ist Mutter mit all dem, sie ist unsere Mutter! Wir sind keine Waisen, wir haben eine Mutter! Die Gottesmutter, die Mutter Kirche und unsere eigene Mutter! Wir sind keine Waisen, wir sind Kinder der Kirche, wir sind Kinder der Gottesmutter, und wir sind Kinder unserer eigenen Mütter.

(Generalaudienz, 7. 1. 2015)

# Geduld, die Haustugend der Familie

Man braucht viel Geduld, um ein guter Vater, ein guter Großvater, eine gute Mutter, eine gute Großmutter zu sein. Man braucht viel Geduld, und in dieser Geduld kommt die Heiligkeit: indem man Geduld übt. ... Ja, jeder Lebensstand führt zur Heiligkeit, immer! Bei dir zuhause, auf der Straße, am Arbeitsplatz, in der Kirche, in jedem Augenblick und in deinem Lebensstand steht der Weg zur Heiligkeit offen. ...

Wenn der Herr uns einlädt, heilig zu werden, dann beruft er uns nicht zu etwas Schwerem und Traurigem ... Ganz im Gegenteil! Es ist die Einladung, an seiner Freude teilzuhaben, jeden Augenblick unseres Lebens mit Freude zu leben und darzubringen und ihn gleichzeitig zu einer Liebesgabe für die Menschen um uns zu machen. Wenn wir das verstehen, dann ändert sich alles und bekommt einen neuen Sinn, einen schönen Sinn, einen Sinn, der bei den kleinen, alltäglichen Dingen beginnt. Ein Beispiel: Eine Frau geht zum Markt, um einzukaufen, und begegnet einer Nachbarin, und sie beginnen zu reden, und dann kommt der Klatsch, und diese Frau sagt: »Nein, nein, nein, ich werde über niemanden klatschen.« Das ist ein Schritt zur Heiligkeit, es hilft dir, heiliger zu werden. Zu Hause will dein Sohn dann ein wenig über das reden, was seine Phantasie beschäftigt: »Ach, ich bin so müde, ich habe heute so viel gearbeitet ...« – »Setz dich hin, und höre deinem Sohn zu, er braucht es!« Und du setzt sich hin, hörst ihm geduldig zu: Das ist ein Schritt zur Heiligkeit. Dann endet der Tag, wir sind alle müde, aber da ist das Gebet. Sprechen wir ein Gebet: Auch das ist ein Schritt zur Heiligkeit.

*Schritt für Schritt zur Heiligkeit*
Dann kommt der Sonntag, und wir gehen in die Messe, wir emp-

fangen die Kommunion, der manchmal eine schöne Beichte vorausgeht, die uns etwas reinigen soll. Das ist ein Schritt zur Heiligkeit. Denken wir dann an die Gottesmutter, die so gut, so schön ist, und nehmen wir unseren Rosenkranz und beten zu ihr. Das ist ein Schritt zur Heiligkeit. Dann gehe ich auf der Straße, sehe einen Armen, einen Notleidenden, ich halte inne, ich frage ihn etwas, ich gebe ihm etwas: Das ist ein Schritt zur Heiligkeit. Es sind kleine Dinge, aber viele kleine Schritte zur Heiligkeit. Jeder Schritt zur Heiligkeit macht uns zu besseren Menschen, frei vom Egoismus und von der Verschlossenheit in sich selbst und offen gegenüber den Brüdern und ihren Nöten.

(Generalaudienz, 19. 11. 2014)

## Die Ehe: damit sie die Liebe sichtbar machen können

Das Abbild Gottes ist das Ehepaar: der Mann und die Frau; nicht nur der Mann, nicht nur die Frau, sondern alle beide. Das ist das Abbild Gottes: Die Liebe, der Bund Gottes mit uns ist dargestellt im Bund zwischen Mann und Frau. Und das ist sehr schön! Wir sind geschaffen, um zu lieben, als Abglanz Gottes und seiner Liebe. Und im Ehebund verwirklichen der Mann und die Frau diese Berufung im Zeichen der Gegenseitigkeit und der vollen und endgültigen Lebensgemeinschaft.

### *Gott spiegel sich in Mann und Frau*

1. Wenn ein Mann und eine Frau das Sakrament der Ehe feiern, dann spiegelt Gott sich sozusagen in ihnen wider, prägt in sie die eigenen Züge und den unauslöschlichen Charakter seiner Liebe

ein. Die Ehe ist das Bild der Liebe Gottes zu uns. Denn auch Gott ist Gemeinschaft: Die drei Personen des Vaters, des Sohnes und des Heiligen Geistes leben seit jeher und für immer in vollkommener Einheit. Und ebendas ist das Geheimnis der Ehe: Gott macht aus den beiden Eheleuten eine einzige Existenz. Die Bibel gebraucht einen starken Ausdruck und sagt »ein Fleisch«: So eng ist der Bund von Mann und Frau in der Ehe. Und ebendas ist das Geheimnis der Ehe: die Liebe Gottes, die sich in dem Paar widerspiegelt, das sich zum gemeinsamen Leben entschließt. Daher verlässt der Mann sein Zuhause, das Haus seiner Eltern und lebt fortan mit seiner Ehefrau und ist so stark mit ihr vereint, dass beide – so heißt es in der Bibel – ein Fleisch werden.

*In der Treue und im Dienen*
2. Der heilige Paulus hebt im Brief an die Epheser hervor, dass sich im christlichen Ehepaar ein großes Geheimnis widerspiegelt: die Beziehung, die Christus mit der Kirche geknüpft hat, eine bräutliche Beziehung (vgl. Eph 5,21–33). Die Kirche ist die Braut Christi. Das ist die Beziehung. Das bedeutet, dass die Ehe auf eine besondere Berufung antwortet und als Weihe verstanden werden muss. Sie ist eine Weihe: Der Mann und die Frau sind in ihrer Liebe geweiht. Denn kraft des Sakraments wird den Gatten eine wahre und eigene Sendung übertragen, damit sie, ausgehend von den einfachen Dingen des Alltags, die Liebe sichtbar machen können, mit der Christus seine Kirche liebt, der damit fortfährt, das Leben für sie hinzugeben, in der Treue und im Dienen.

*Das Geheimnis: Die Liebe ist stärker als der Augenblick*
3. Es ist wirklich ein wunderbarer Plan, der dem Sakrament der Ehe innewohnt! Und er wird in der Einfachheit und auch in der

Schwachheit des menschlichen Daseins verwirklicht. Wir wissen gut, wie viele Schwierigkeiten und Prüfungen das Leben zweier Eheleute kennt ... Wichtig ist, die Beziehung zu Gott lebendig zu erhalten, die dem Ehebund zugrunde liegt. Und der wahre Bund besteht immer mit dem Herrn. Wenn die Familie betet, bleibt der Bund erhalten. Wenn der Ehemann für die Ehefrau betet und die Ehefrau für den Ehemann betet, dann wird dieser Bund stark; einer betet für den anderen. Es stimmt, dass es im Eheleben viele Schwierigkeiten gibt, recht viele; dass die Arbeit, das Geld nicht ausreichen, dass die Kinder Probleme haben. Viele Schwierigkeiten. Und oft werden der Ehemann und die Ehefrau etwas nervös und streiten miteinander. Sie streiten – das ist so. Man streitet immer in der Ehe, manchmal fliegen auch die Teller.

Wir dürfen darüber aber nicht traurig werden, das menschliche Dasein ist so. Und das Geheimnis ist, dass die Liebe stärker ist als der Augenblick, in dem man streitet, und daher rate ich den Eheleuten immer: Lasst den Tag, an dem ihr gestritten habt, nicht zu Ende gehen, ohne Frieden zu schließen. Immer! Und um Frieden zu schließen, braucht man nicht die Vereinten Nationen anzurufen, damit sie nach Hause kommen, um Frieden herzustellen. Es genügt eine kleine Geste, eine zärtliche Berührung ... Gute Nacht! Bis morgen! Und morgen beginnt man von neuem. Und das ist das Leben, so muss es weitergeführt werden, weitergeführt mit dem Mut, es gemeinsam leben zu wollen. Und das ist großartig, das ist schön! Das Eheleben ist etwas Wunderschönes, und wir müssen es immer bewahren, die Kinder bewahren.

*Drei Wunderworte: Darf ich? Danke und Entschuldigung*
Bei anderen Gelegenheiten habe ich hier auf diesem Platz etwas gesagt, das dem Eheleben sehr hilft. Es sind drei Worte, die man

immer sagen muss, drei Worte, die im Haus sein müssen: »Darf ich?«, »Danke«, »Entschuldige«, »Darf ich?«: um im Eheleben nicht aufdringlich zu sein. Darf ich, was hältst du davon? Darf ich, ich erlaube mir. »Danke«: dem Ehepartner danken; danke für das, was du für mich getan hast, danke dafür. Wie schön ist es, Dank zu sagen! Und weil wir alle Fehler machen, noch ein anderes Wort. Es ist ein wenig schwierig auszusprechen, aber man muss es sagen: »Entschuldige«. »Darf ich?«, »Danke« und »Entschuldige«: Mit diesen drei Worten, mit dem gegenseitigen Gebet des Ehemannes und der Ehefrau, und indem man immer Frieden schließt, bevor der Tag endet, wird die Ehe vorangehen. Die drei Zauberworte, das Gebet und immer Frieden schließen. Der Herr segne euch, und betet für mich.

(Generalaudienz, 2. 4. 2014)

## Aneinander mehr Frau und mehr Mann werden

Die Liebe Christi kann den Eheleuten die Freude zurückgeben, gemeinsam voranzugehen. Denn das ist die Ehe: der gemeinsame Weg eines Mannes und einer Frau, wobei der Mann die Aufgabe hat, seiner Frau zu helfen, mehr Frau zu sein, und die Frau die Aufgabe hat, ihrem Mann zu helfen, mehr Mann zu sein. Dies ist die Aufgabe, die ihr untereinander habt. »Ich liebe dich, und dadurch mache ich dich mehr zur Frau.« – »Ich liebe dich, und dadurch mache ich dich mehr zum Mann.« Es ist die Wechselwirkung der Verschiedenheiten. Das ist kein leichter Weg, ohne Konflikte, nein, das wäre nicht menschlich. Es ist eine anspruchsvolle, manchmal schwierige, bisweilen sogar konfliktgeladene Reise, aber so ist das Leben!

*Kleiner Rat an Eheleute*

Und inmitten dieser Theologie, die uns das Wort Gottes über das Volk auf dem Weg wie auch über die Familien auf dem Weg und die Eheleute auf dem Weg schenkt, ein kleiner Rat. Es ist normal, dass die Eheleute streiten, es ist normal. Das macht man immer. Aber ich rate euch: Beendet nie einen Tag, ohne Frieden zu schließen. Nie. Es genügt eine kleine Geste. Und so geht man weiter. Die Ehe ist ein Symbol des Lebens, des realen Lebens, es ist keine Fiktion! Sie ist ein Sakrament der Liebe Christi und der Kirche, einer Liebe, die sich im Kreuz bewahrheitet und in ihm ihre Garantie findet. Ich wünsche euch, euch allen, einen guten Weg, einen fruchtbaren Weg, dass die Liebe wachse. Ich wünsche euch Glück. Es wird Kreuze geben. Die werden da sein! Aber immer wird der Herr da sein, um uns zu helfen weiterzugehen. Der Herr segne euch!

(Predigt bei der Heiligen Messe mit Ritus der Trauung, 14. 9. 2014)

# Über die wechselseitige Ergänzung von Mann und Frau

»Komplementarität«: Das ist ein kostbares Wort mit einem reichen Bedeutungsgehalt. Es kann sich auf verschiedene Situationen beziehen, in denen ein Element das andere vervollständigt oder einen ihm anhaftenden Mangel ausgleicht. Doch ist Komplementarität sehr viel mehr als das. Die Christen finden die Bedeutung dieses Wortes im ersten Brief des heiligen Paulus an die Korinther, wo der Apostel sagt, dass der Heilige Geist jedem verschiedene Gnadengaben gegeben hat, damit die Gaben eines jeden zum Wohl aller beitragen können, so wie die Glieder eines menschlichen Leibes einander zum Wohl des ganzen Organismus ergänzen (vgl. 1 Kor 12).

Über die Komplementarität nachzudenken heißt nichts anderes, als die dynamischen Harmonien zu betrachten, die im Zentrum der ganzen Schöpfung stehen. Das ist das Schlüsselwort: Harmonie. Jede Komplementarität hat der Schöpfer geschaffen, damit der Heilige Geist, der der Urheber der Harmonie ist, diese Harmonie bewirken kann. Richtigerweise habt ihr euch zu diesem internationalen Kolloquium versammelt, um das Thema der Komplementarität von Mann und Frau zu vertiefen. In der Tat bildet diese Komplementarität die Grundlage von Ehe und Familie, die die erste Schule ist, in der wir, unsere Gaben und die der anderen schätzen lernen und wo wir beginnen, die Kunst des Zusammenlebens zu erlernen.

*Rollen von Mann und Frau sind nicht statisch*
Für die meisten von uns ist die Familie der Hauptort, an dem wir beginnen, Werte und Ideale zu »atmen« wie auch unser Potenzial an Tugenden und Nächstenliebe zu verwirklichen. Zugleich sind die Familien, wie wir wissen, Orte der Spannung: zwischen Egoismus und Altruismus, zwischen Vernunft und Leidenschaft, zwischen unmittelbaren Wünschen und langfristigen Zielen usw. Aber die Familien stellen auch das Umfeld bereit, in dem diese Spannungen gelöst werden: Und das ist wichtig. Wenn wir in diesem Kontext von der Komplementarität von Mann und Frau sprechen, dürfen wir diesen Begriff nicht mit der simplifizierten Vorstellung verwechseln, dass alle Rollen und die Beziehungen beider Geschlechter in ein einziges und statisches Modell eingeschlossen sind. Die Komplementarität nimmt viele Formen an, weil jeder Mann und jede Frau einen ganz persönlichen Teil in die Ehe und die Erziehung der

Kinder einbringt: den eigenen persönlichen Reichtum, das persönliche Charisma, und so wird die Komplementarität zu einem großen Reichtum. Und sie ist nicht nur ein Gut, sondern sie ist auch Schönheit.

*Eine neue Humanökologie fördern*
In der heutigen Zeit befinden sich Ehe und Familie in einer Krise. Wir leben in einer Kultur des Provisorischen, in der immer mehr Menschen auf die Ehe als öffentliche Verpflichtung verzichten. Diese Revolution der Sitten und der Moral hat häufig das »Banner der Freiheit« geschwungen, aber in Wirklichkeit geistliche und materielle Zerstörung für unzählige Menschen gebracht, vor allem für die schwächsten. Es wird immer deutlicher, dass ein Verfall der Ehekultur verbunden ist mit einem Anstieg der Armut und einer Reihe zahlreicher weiterer gesellschaftlicher Probleme, die in unverhältnismäßiger Weise Frauen, Kinder und alte Menschen treffen. Und immer sind sie es, die in dieser Krise am meisten zu leiden haben. Die Krise der Familie hat eine Krise der Humanökologie hervorgebracht, weil das soziale Umfeld genau wie die natürliche Umwelt geschützt werden muss. Auch wenn die Menschheit jetzt die Notwendigkeit begriffen hat, das anzugehen, was eine Bedrohung für unsere natürliche Umwelt darstellt, sind wir nur langsam dabei – wir sind langsam in unserer Kultur, auch in unserer katholischen Kultur – wir sind langsam dabei zu erkennen, dass auch unser soziales Umfeld in Gefahr ist. Daher ist es unerlässlich, eine neue Humanökologie zu fördern und sie voranzutreiben.

Man muss immer wieder auf die Grundpfeiler hinweisen, die eine Nation tragen: ihre immateriellen Güter. Die Familie bleibt die Grundlage des Zusammenlebens und die Garantie gegen den sozialen Verfall. Kinder haben ein Recht, in einer Familie aufzuwachsen, mit einem Vater und einer Mutter, die in der Lage sind, ein für ihre Entwicklung und ihren affektiven Reifeprozess günstiges Umfeld zu schaffen. Aus diesem Grund habe ich im Apostolischen Schreiben Evangelii gaudium den »unverzichtbaren Beitrag der Ehe zur Gesellschaft« betont, einen Beitrag, der »über die Ebene der Emotivität und der zufälligen Bedürfnisse des Paares hinausgeht« (Nr. 66). Und deshalb danke ich euch für den Nachdruck, mit dem euer Kolloquium den wohltuenden und nützlichen Beitrag unterstreicht, den die Ehe für die Kinder, die Ehepartner selbst und die Gesellschaft leisten kann.

*Familie ist Familie, tappen wir nicht in die Ideologiefalle*
Während ihr in diesen Tagen über die Komplementarität von Mann und Frau nachdenkt, fordere ich euch auf, eine weitere Wahrheit in Bezug auf die Ehe herauszustellen: und zwar, dass die endgültige Bindung an Solidarität, Treue und fruchtbare Liebe der tiefsten Sehnsucht des menschlichen Herzens entspricht. Denken wir vor allem an die jungen Menschen, die die Zukunft sind: Es ist wichtig, dass sie sich nicht von der schädlichen Mentalität des Provisorischen einwickeln lassen und dass sie revolutionär sind mit ihrem Mut, eine starke und dauerhafte Liebe zu suchen, das heißt gegen den Strom zu schwimmen: Das muss man tun. Dazu möchte ich etwas sagen: Wir dürfen nicht in die Falle tappen, mit ideologischen Begriffen beurteilt zu werden. Die Familie ist ein anthropologisches Faktum und folglich eine soziale, kulturelle etc. Gegebenheit. Wir können sie nicht mit ideologischen Begriffen beurteilen, die lediglich in einem Augenblick der Geschichte Geltung haben und dann hinfällig werden. Man kann heute nicht von einer konservativen oder progressiven Familie sprechen: Familie ist Familie! Lasst

euch nicht danach oder nach anderen ideologischen Kriterien beurteilen. Die Familie besitzt in sich eine Kraft.

(An die Teilnehmer des von der Glaubenskongregation veranstalteten Kolloquiums über die Komplementarität von Mann und Frau, 17. 11. 2014)

## Unterschied und Ergänzung I: Als Mann und Frau schuf er sie

Beginnen wir mit einem kurzen Kommentar zum ersten Schöpfungsbericht, im Buch Genesis. Hier lesen wir, dass Gott, nachdem er das Universum und alle Lebewesen erschaffen hatte, das Meisterwerk erschuf, also den Menschen, den er als sein Abbild machte: »Als Abbild Gottes schuf er ihn. Als Mann und Frau schuf er sie«, heißt es im Buch Genesis (1,27).

Und wie wir alle wissen, gibt es den Unterschied der Geschlechter in vielen Lebensformen in der langen Reihe der Lebewesen. Aber nur im Mann und in der Frau trägt er das Abbild und die Ebenbildlichkeit Gottes in sich: Der biblische Text wiederholt es dreimal in zwei Versen (26–27): Mann und Frau sind das Abbild Gottes, ihm ähnlich. Dem entnehmen wir, dass nicht nur der Mann als Einzelner betrachtet das Abbild Gottes ist, dass nicht nur die Frau als Einzelne betrachtet das Abbild Gottes ist, sondern dass auch Mann und Frau als Paar Abbild Gottes sind. Der Unterschied zwischen Mann und Frau dient nicht dem Gegensatz oder der Unterordnung, sondern der Gemeinschaft und der Fortpflanzung, stets als Abbild Gottes, ihm ähnlich.

*Die Beseitigung des Unterschieds ist das Problem,*
*nicht die Lösung*
Die Erfahrung lehrt uns: Um einander gut kennenzulernen und harmonisch zu wachsen, braucht der Mensch die Gegenseitigkeit von Mann und Frau. Wo das nicht geschieht, sieht man die Folgen. Wir sind dazu erschaffen, einander zuzuhören und uns gegenseitig zu helfen. Wir können sagen, dass ohne die wechselseitige Bereicherung in dieser Beziehung – im Denken und im Handeln, in der Affektivität und in der Arbeit, auch im Glauben – die beiden nicht einmal bis ins Letzte verstehen können, was es bedeutet, Mann und Frau zu sein. Die moderne, zeitgenössische Kultur hat neue Räume, neue Freiheiten und neue Tiefen eröffnet, um das Verständnis dieses Unterschieds zu bereichern. Aber sie hat auch viele Zweifel und viel Skepsis eingeführt. Ich frage mich zum Beispiel, ob die sogenannte Gendertheorie nicht auch Ausdruck von Frustration und Resignation ist, die darauf abzielt, den Unterschied zwischen den Geschlechtern auszulöschen, weil sie sich nicht mehr damit auseinanderzusetzen versteht.

Ja, wir laufen Gefahr, einen Rückschritt zu machen. Denn die Beseitigung des Unterschieds ist das Problem, nicht die Lösung. Um ihre Beziehungsprobleme zu lösen, müssen Mann und Frau vielmehr miteinander sprechen, einander besser zuhören, einander besser kennenlernen, einander mehr lieben. Sie müssen einander respektvoll behandeln und freundschaftlich zusammenarbeiten. Auf diesen menschlichen Grundlagen ist es, gestützt von der Gnade Gottes, möglich, die eheliche und familiäre Verbindung für das ganze Leben zu planen. Der Bund der Ehe und der Familie ist etwas Ernstes, das gilt für alle, nicht nur für die Gläubigen. Ich möchte die Intellektuellen auffordern, dieses Thema nicht zu vernachlässigen, so als sei es für den Einsatz zugunsten einer freieren und gerechteren Gesellschaft nebensächlich geworden. Gott hat die Erde dem Bund von Mann und Frau anvertraut: Dessen Scheitern lässt die Welt der Liebe verarmen und verdunkelt den Himmel der Hoffnung. Die Zeichen sind bereits besorgniserregend, und wir sehen sie. Ich möchte auf zwei von vielen Punkten hinweisen, von denen ich glaube, dass sie uns mit größerer Dringlichkeit beschäftigen müssen.

*Die Stimme der Frau muss echtes Gewicht in Gesellschaft und Kirche erhalten*
Der erste: Zweifellos müssen wir viel mehr für die Frau tun, wenn wir der Gegenseitigkeit von Männern und Frauen mehr Kraft verleihen wollen. Denn die Frau muss nicht nur mehr gehört werden, sondern ihre Stimme muss echtes Gewicht, anerkannte Autorität in der Gesellschaft und in der Kirche haben. Die Haltung Jesu der Frau gegenüber – in einem weniger günstigen Umfeld als dem unseren, denn in jener Zeit stand die Frau wirklich an zweiter Stelle – und der Umgang Jesu mit ihr sind ein helles Licht, das einen Weg erleuchtet, der uns weit führt und von dem wir erst ein kleines Stück gegangen sind. Wir haben noch nicht tief genug verstanden, was der weibliche Genius uns geben kann, was die Frau der Gesellschaft und auch uns geben kann: Die Frau sieht die Dinge mit anderen Augen, die das Denken der Männer ergänzen. Dieser Weg muss mit mehr Kreativität und Kühnheit beschritten werden.

Eine zweite Überlegung betrifft das Thema von Mann und Frau, erschaffen als Abbild Gottes. Ich frage mich, ob die allgemeine Krise des Gottvertrauens, die sich so schlecht auf uns auswirkt, die uns an resignierender Ungläubigkeit und Zynismus erkranken lässt, nicht auch mit der Krise des Bundes von Mann und Frau zusammenhängt. Denn der biblische Bericht mit der großen symbolischen Beschreibung des irdischen Paradieses und der Erbsünde sagt uns, dass die Gemeinschaft mit Gott sich in der Gemeinschaft des menschlichen Paares widerspiegelt und dass der Verlust des Vertrauens in den himmlischen Vater Spaltung und Konflikt zwischen Mann und Frau schafft.

Daraus ergibt sich die große Verantwortung der Kirche, aller Gläubigen und vor allem der gläubigen Familien, die Schönheit des Schöpfungsplans, der das Abbild Gottes auch in den Bund von Mann und Frau einschreibt, wiederzuentdecken. Die Erde wird mit Harmonie und Vertrauen erfüllt, wenn der Bund von Mann und Frau im Guten gelebt wird.

(Generalaudienz, 15. 4. 2015)


## Unterschied und Ergänzung II: Wir müssen Ehe und Familie wieder zu Ehren bringen

Heute möchte ich die Reflexion vervollständigen durch den zweiten Bericht, den wir im zweiten Kapitel finden. Hier lesen wir: Nach der Erschaffung von Himmel und Erde »formte Gott, der Herr, den Menschen aus Erde vom Ackerboden und blies in seine Nase den Lebensatem. So wurde der Mensch zu einem lebendigen Wesen« (2,7). Das ist der Höhepunkt der Schöpfung. Aber es fehlt etwas: Dann setzt Gott den Menschen in einen wunderschönen Garten, damit er ihn bebaue und behüte (vgl. 2,15).

Der Heilige Geist, der die ganze Bibel inspiriert hat, weckt für einen Augenblick das Bild vom Mann, der allein ist – ihm fehlt etwas –, ohne die Frau. Und er lässt uns den Gedanken Gottes sehen, gleichsam die Empfindung Gottes, der Adam anblickt, der ihn allein im Garten beobachtet: Er ist frei, er ist Herr ... aber er ist allein. Und Gott sieht: Das »ist nicht gut«. Es ist gleichsam fehlende Gemeinschaft, ihm fehlt eine Gemeinschaft, fehlende Fülle. »Es ist nicht gut« – sagt Gott –, und er fügt hinzu: »Ich will ihm eine Hilfe machen, die ihm entspricht« (2,18).

*»Die Rippe«: Mann und Frau sind aus demselben Stoff gemacht*
Da führt Gott dem Mann alle Tiere zu; der Mann gibt jedem von ihnen seinen Namen – und das ist ein weiteres Bild der Herrschaft des Menschen über die Schöpfung –, aber er findet in keinem Tier einen anderen, der ihm ähnlich ist. Der Mensch bleibt allein. Als Gott ihm schließlich die Frau zuführt, erkennt der Mann jubelnd, dass dieses, und nur dieses Geschöpf Teil von ihm ist: »Bein von meinem Bein und Fleisch von meinem Fleisch« (2,23). Endlich ist ein Spiegelbild da, eine wechselseitige Entsprechung. Wenn eine Person – das ist ein Beispiel, um dies richtig zu verstehen – der anderen die Hand reichen will, muss sie sie vor sich haben: Wenn jemand die Hand gibt und niemand da ist, dann bleibt die Hand dort ...; ihm fehlt die wechselseitige Entsprechung. So war der Mann: Ihm fehlte etwas, um zu seiner Fülle zu gelangen, ihm fehlte die wechselseitige Entsprechung. Die Frau ist keine »Nachbildung« des Mannes; sie kommt direkt aus dem Schöpfungshandeln Gottes. Das Bild von der »Rippe« ist durchaus kein Ausdruck von Minderwertigkeit oder Unterordnung, sondern spricht im Gegenteil davon, dass Mann und Frau aus derselben Substanz bestehen, einander ergänzen und auch wechselseitig entsprechen. Und die Tatsache, dass – ebenfalls im Gleichnis – Gott die Frau formt, während der Mann schläft, hebt hervor, dass sie keineswegs ein Geschöpf des Mannes, sondern Gottes ist. Sie legt auch noch etwas anderes nahe: Um die Frau zu finden – und wir können sagen: um die Liebe in

der Frau zu finden –, muss der Mann zunächst von ihr träumen, und dann findet er sie.

Das Vertrauen Gottes in den Mann und in die Frau, denen er die Erde anvertraut, ist großherzig, unmittelbar und vollkommen. Er vertraut ihnen. Dann aber flößt der Böse ihrem Verstand den Verdacht, den Unglauben, das Misstrauen ein. Und am Ende kommt es zum Ungehorsam gegenüber dem Gebot, das sie beschützt hat. Sie verfallen jenem Rausch der Allmacht, der alles infiziert und die Eintracht zerstört. Auch wir spüren ihn oft in uns, alle.

*Die Sünde spaltet Mann und Frau*
Die Sünde erzeugt Misstrauen und Spaltung zwischen dem Mann und der Frau. Ihr Verhältnis wird getrübt durch zahlreiche Formen von Missbrauch und Unterwerfung, von trügerischer Verführung und demütigender Anmaßung bis hin zu den dramatischsten und gewalttätigsten Formen. Die Geschichte zeigt die Spuren davon. Denken wir zum Beispiel an die negativen Auswüchse der patriarchalen Kulturen. Denken wir an die zahlreichen Formen des Chauvinismus, wo die Frau als zweitrangig betrachtet wurde. Denken wir an die Instrumentalisierung und Kommerzialisierung des weiblichen Körpers in der gegenwärtigen Medienkultur. Aber denken wir auch an die Seuche des Misstrauens, der Skepsis und sogar der Feindseligkeit, die sich in letzter Zeit in unserer Kultur verbreitet – insbesondere von einem verständlichen Argwohn der Frauen her –, bezüglich eines Bundes zwischen Mann und Frau, der die Vertrautheit der Gemeinschaft vertiefen und gleichzeitig die Würde des Unterschieds wahren kann.

*Ehe ist: Der Mann ist für die Frau und die Frau für den Mann da*
Wenn wir nicht einen großen Sprung nach vorn machen in der Liebe zu diesem Bund, der in der Lage ist, den neuen Generationen Schutz vor Misstrauen und Gleichgültigkeit zu bieten, dann werden die Kinder vom Mutterleib an immer mehr von diesem Bund entwurzelt zur Welt kommen. Die gesellschaftliche Abwertung des stabilen und fruchtbaren Bundes von Mann und Frau ist sicher ein Verlust für alle. Wir müssen Ehe und Familie wieder zu Ehren bringen! Die Bibel sagt etwas Schönes: Der Mann findet die Frau, sie begegnen einander, und der Mann muss etwas verlassen, um sie in ganzer Fülle zu finden. Daher wird der Mann seinen Vater und seine Mutter verlassen, um zu ihr zu gehen. Das ist schön! Das bedeutet, einen neuen Weg zu beginnen. Der Mann ist ganz für die Frau da, und die Frau ist ganz für den Mann da.

Die Wahrung dieses Bundes von Mann und Frau, auch wenn beide sündig und verletzt, verwirrt und gedemütigt, misstrauisch und unsicher sind, ist daher für uns Gläubige unter den heutigen Umständen eine anspruchsvolle und begeisternde Berufung. Der Bericht von der Schöpfung und der Sünde schenkt uns in seinem letzten Teil ebenfalls ein wunderschönes Bild dafür: »Gott, der Herr, machte Adam und seiner Frau Röcke aus Fellen und bekleidete sie damit« (Gen 3,21). Es ist ein Bild der Zärtlichkeit gegenüber jenem sündigen Paar, das uns staunen lässt: die Zärtlichkeit Gottes gegenüber dem Mann und gegenüber der Frau! Es ist ein Bild der väterlichen Fürsorge für das menschliche Paar. Gott selbst kümmert sich um sein Meisterwerk und beschützt es.

(Generalaudienz, 22. 4. 2015)

# Die große Neuheit des christlichen Eheverständnisses

Die von Gott geweihte Ehe bewahrt jenen Bund zwischen Mann und Frau, den Gott seit der Erschaffung der Welt gesegnet hat; und sie ist Quelle des Friedens und des Wohls für das gesamte Ehe- und Familienleben. In den ersten Zeiten des Christentums zum Beispiel hat diese große Würde des Bundes zwischen dem Mann und der Frau einen Missbrauch überwunden, der damals für völlig normal gehalten wurde, nämlich das Recht der Ehemänner, die Ehefrauen zu verstoßen, auch aus vorgeschobenen und demütigenden Gründen. Das Evangelium der Familie, das Evangelium, das eben dieses Sakrament verkündigt, hat diese Kultur der gewohnheitsmäßigen Verstoßung überwunden.

*Christlich bedeutet: Ehegatten sind radikal gleich*
Der christliche Same der radikalen Gleichheit unter den Ehegatten muss heute neue Früchte tragen. Das Zeugnis der gesellschaftlichen Würde der Ehe wird eben auf diesem Weg, dem Weg des anziehenden Zeugnisses, dem Weg der Wechselseitigkeit zwischen ihnen, der gegenseitigen Ergänzung zwischen ihnen, überzeugend werden. Daher müssen wir als Christen in dieser Hinsicht anspruchsvoller werden. Zum Beispiel: das Recht auf gleiche Vergütung für gleiche Arbeit mit Entschlossenheit unterstützen. Warum gilt es als selbstverständlich, dass Frauen weniger verdienen als Männer? Nein! Sie haben dieselben Rechte. Die Ungleichheit ist ein reiner Skandal! Gleichzeitig muss die Mutterschaft der Frauen und die Vaterschaft der Männer als stets wertvoller Reichtum anerkannt werden, vor allem zum Wohl der Kinder. Ebenso ist die Tugend der Gastfreundschaft der christlichen Familien heute von entscheidender Bedeutung,

besonders in Situationen von Armut, Elend, familiärer Gewalt. Liebe Brüder und Schwestern, wir dürfen keine Angst haben, Jesus zur Hochzeitsfeier einzuladen, ihn in unser Zuhause einzuladen, damit er bei uns ist und die Familie beschützt. Und haben wir keine Angst, auch seine Mutter Maria einzuladen! Wenn Christen sich »im Herrn« vermählen, werden sie in ein wirksames Zeichen der Liebe Gottes verwandelt. Christen heiraten nicht nur für sich selbst: Sie heiraten im Herrn zugunsten der ganzen Gemeinschaft, der gesamten Gesellschaft.

(Generalaudienz, 29. 4. 2015)

## Man liebt, wie Gott liebt: für immer

Die Schönheit der christlichen Ehe. Es handelt sich nicht einfach um eine Zeremonie in der Kirche, mit Blumen, Brautkleid, Fotos … Die christliche Ehe ist ein Sakrament, das sich in der Kirche vollzieht und das die Kirche auch aufbaut, indem es den Grundstein für eine neue familiäre Gemeinschaft legt.

Das Sakrament der Ehe ist ein großer Akt des Glaubens und der Liebe: Es bezeugt den Mut, an die Schönheit des Schöpfungsaktes Gottes zu glauben und jene Liebe zu leben, die dazu anspornt, immer über alles hinauszugehen, über sich selbst und auch über die Familie hinaus. Die christliche Berufung, ohne Vorbehalt und ohne Maß zu lieben, ist das, was durch die Gnade Christi auch dem freien Konsens, der die Ehe begründet, zugrunde liegt. Die Kirche ist in die Geschichte einer jeden christlichen Ehe vollkommen miteinbezogen: Sie erbaut sich an ihrem Gelingen und leidet mit unter ihrem Scheitern. Wir müssen uns jedoch ernsthaft fragen: Nehmen wir selbst als Gläubige und als Hirten auch diese unauflösliche Verbindung der Geschichte Christi und der Kirche mit der Geschichte der Ehe und der Menschheitsfamilie an? Sind wir bereit, diese Verantwortung ernsthaft zu übernehmen, also dass jede Ehe den Weg der Liebe geht, die zwischen Christus und der Kirche besteht? Das ist etwas Großes!

*Christliche Eheleute haben teil an der Sendung der Kirche*
In dieser Tiefe des in seiner Reinheit erkannten und wiederhergestellten geschöpflichen Geheimnisses öffnet sich ein zweiter großer Horizont, der das Sakrament der Ehe kennzeichnet. Die Entscheidung, »im Herrn zu heiraten«, enthält auch eine missionarische Dimension, die bedeutet, im Herzen die Bereitschaft zu haben, zum Vermittler des Segens Gottes und der Gnade des Herrn für alle zu werden. Denn die christlichen Eheleute haben als solche an der Sendung der Kirche teil. Dazu braucht es Mut! Daher sage ich, wenn ich die Neuvermählten begrüße: »Da sind die Mutigen!«, denn es braucht Mut, einander so zu lieben wie Christus die Kirche liebt. Die Feier des Sakraments kann diese Mitverantwortung des Familienlebens gegenüber der großen Liebessendung der Kirche nicht außen vor lassen. Und so wird das Leben der Kirche jedes Mal durch die Schönheit dieses Ehebundes bereichert und es wird jedes Mal ärmer, wenn dieser entstellt wird.

Um allen die Gaben des Glaubens, der Liebe und der Hoffnung anzubieten, braucht die Kirche auch die mutige Treue der Eheleute zur Gnade ihres Sakraments! Das Gottesvolk braucht ihren täglichen Weg im Glauben, in der Liebe und in der Hoffnung, mit allen Freuden und Mühen, die dieser Weg in einer Ehe und in einer Familie mit sich bringt.

So ist der Kurs für immer vorgegeben; es ist der Kurs der Liebe: Man liebt, wie Gott liebt: für immer. Christus hört nicht auf, für die Kirche Sorge zu tragen: Er liebt sie immer, er beschützt sie immer, wie sich selbst. Christus hört nicht auf, die Flecken und Falten jeglicher Art vom menschlichen Antlitz zu nehmen. Diese Ausstrahlung der Kraft und der Zärtlichkeit Gottes, die von Ehepaar zu Ehepaar, von Familie zu Familie weitergegeben wird, ist bewegend. Der heilige Paulus hat Recht: Das ist wirklich ein »tiefes Geheimnis«! Die Männer und Frauen, die mutig genug sind, diesen Schatz in den »zerbrechlichen Gefäßen« unserer Menschennatur zu tragen, diese so mutigen Männer und Frauen sind eine wesentliche Ressource für die Kirche und auch für die ganze Welt! Gott segne sie tausendmal dafür!

(Generalaudienz, 6. 5. 2015)

## Ein neuer Bund von Mann und Frau hilft gegen die Kolonialisierung durch das Geld

Dies ist unsere abschließende Reflexion über das Thema von Ehe und Familie. Wir stehen am Vorabend schöner und bedeutsamer Ereignisse, die unmittelbar mit diesem großen Thema verbunden sind: das Weltfamilientreffen in Philadelphia und die Bischofssynode hier in Rom. Beide sind von globaler Bedeutung, die der universalen Dimension des Christentums entspricht, aber auch der universalen Tragweite der grundlegenden und unersetzlichen menschlichen Gemeinschaft: der Familie.

*Familie ist strategisch entscheidend für die Bewohnbarkeit der Erde*
Die gegenwärtigen Übergänge in der Zivilisation scheinen gekennzeichnet zu sein von den langfristigen Auswirkungen einer

von der wirtschaftlichen Technokratie verwalteten Gesellschaft. Die Unterordnung der Ethik unter die Logik des Profits verfügt über beträchtliche Mittel und eine enorme Unterstützung durch die Medien. In diesem Szenarium ist ein neuer Bund von Mann und Frau nicht nur notwendig, sondern strategisch entscheidend für die Emanzipation der Völker von der Kolonialisierung durch das Geld. Dieser Bund muss der Politik, der Wirtschaft und dem zivilen Zusammenleben wieder Orientierung verleihen! Er entscheidet über die Bewohnbarkeit der Erde, die Weitergabe der Lebenseinstellung, die Bindungen von Erinnerung und Hoffnung. Die eheliche und familiäre Gemeinschaft von Mann und Frau ist die generative Grammatik, sozusagen der »goldene Knoten« dieses Bundes. Der Glaube schöpft aus der Weisheit der Schöpfung Gottes: Er hat der Familie nicht die Sorge um ein sich selbst genügendes »Zuhause« anvertraut, sondern das spannende Projekt, die Welt »heimisch« zu machen. Gerade die Familie steht am Anfang, ist die Grundlage dieser globalen Kultur und rettet uns; sie rettet uns von vielen, vielen Angriffen, vielen Zerstörungen, vielen Kolonialisierungen – wie jener durch das Geld oder durch Ideologien, die die Welt so sehr bedrohen. Die Familie ist die Grundlage, um sich zu verteidigen!

Dem biblischen Wort über die Schöpfung haben wir in unseren kurzen Mittwochsbetrachtungen über die Familie unsere grundlegende Inspiration entnommen. Aus diesem Wort können und müssen wir wieder weitgreifend und tiefgehend schöpfen. Es ist eine große Arbeit, die auf uns wartet, aber sie ist auch sehr mitreißend. Gottes Schöpfung ist nicht nur einfach eine philosophische Prämisse: Sie ist der universale Horizont des Lebens und des Glaubens! Es gibt keinen anderen göttlichen Plan als den der Schöpfung und ihr Heil. Für das Heil des Geschöpfes – eines jeden Geschöpfes – ist Gott Mensch geworden, »für uns

Menschen und zu unserem Heil«, wie es im Glaubensbekenntnis heißt. Und der auferstandene Jesus ist »der Erstgeborene der ganzen Schöpfung« (Kol 1,15).

## Was zwischen Mann und Frau geschieht, prägt alles

Die geschaffene Welt ist dem Mann und der Frau anvertraut: Was zwischen ihnen geschieht, gibt allem sein Gepräge. Die Zurückweisung von Gottes Segen durch sie führt auf verhängnisvolle Weise zu einem Allmachtswahn, der alles verdirbt. Das nennen wir »Erbsünde«. Und wir alle kommen mit dem Erbe dieser Krankheit auf die Welt. Trotzdem sind wir nicht verflucht und auch nicht uns selbst überlassen. Der uralte Bericht von der ersten Liebe Gottes zum Mann und zur Frau enthielt diesbezüglich bereits Abschnitte, die mit Feuer geschrieben waren! »Feindschaft setze ich zwischen dich und die Frau, zwischen deinen Nachwuchs und ihren Nachwuchs« (Gen 3,15a). Diese Worte richtet Gott an die betrügerische, verführerische Schlange. Mit diesen Worten schenkt Gott der Frau einen Schutzwall gegen das Böse, auf den sie – wenn sie will – in jeder Generation zurückgreifen kann. Das heißt, dass die Frau Trägerin eines geheimen und besonderen Segens ist, zum Schutz ihres Kindes vor dem Bösen! Wie die Frau der Apokalypse, die flieht, um ihren Sohn vor dem Drachen zu verstecken. Und Gott schützt sie (vgl. Offb 12,6). Denkt nur, welche Tiefe sich hier auftut! Es gibt viele, manchmal sogar beleidigende Gemeinplätze über die Frau als Verführerin, die zum Bösen inspiriert. Dagegen ist Raum für eine Theologie der Frau, die auf der Höhe dieses göttlichen Segens für sie und ihre Nachkommen steht.

*Ehe und Familie*

Der barmherzige Schutz Gottes für den Mann und die Frau wird für beide in jedem Fall nie weniger. Das dürfen wir nicht vergessen! Die symbolische Sprache der Bibel sagt uns, dass Gott dem Mann und der Frau, bevor er sie aus dem Garten Eden wegschickte, Röcke aus Fellen machte und sie damit bekleidete (vgl. Gen 3,21). Diese zärtliche Geste bedeutet, dass Gott auch in den schmerzlichen Folgen unserer Sünde nicht will, dass wir nackt und unserem Schicksal als Sünder überlassen bleiben. Diese göttliche Zärtlichkeit, dieses Sorgetragen um uns sehen wir verkörpert in Jesus von Nazaret, dem Sohn Gottes, »geboren von einer Frau« (Gal 4,4). Und der heilige Paulus sagt auch, dass »Christus für uns gestorben ist, als wir noch Sünder waren« (Röm 5,8).

## Die Verheißung Gottes für Mann und schließt alle Menschen ein

Christus, geboren von einer Frau. Es ist Gottes zärtliche Geste über unsere Wunden, unsere Fehler, unsere Sünden. Gott aber liebt uns, wie wir sind, und will uns mit diesem Plan voranbringen, und die Frau ist die Stärkere, die diesen Plan voranbringt. Die Verheißung Gottes für Mann und Frau am Anfang der Geschichte schließt alle Menschen ein bis zum Ende der Geschichte. Wenn wir genügend Glauben haben, werden die Familien der Völker der Erde sich in diesem Segen wiedererkennen. Auf jeden Fall möge ein jeder, der sich von dieser Sicht berühren lässt – ganz gleich, welchem Volk, welcher Nation oder Religion er angehört –, sich mit uns auf den Weg machen. Er wird unser Bruder und unsere Schwester sein, ohne Proselytismus zu betreiben. Wir wollen gemeinsam gehen, unter diesem Segen und unter diesem Anliegen Gottes, aus uns allen Brüder und Schwestern zu machen im Leben in einer Welt, die vorangeht und die eben aus der Familie heraus entsteht, aus dem Bund von Mann und Frau. Gott segne euch, die Familien in allen Teilen der Erde! Gott segne euch alle!

(Generalaudienz, 16. 9. 2015)

# Ordensfrauen

*Frauen in Spannung*

*Franziskus, selbst Ordensmann, setzt auf die geistliche Kraft von Schwestern. Während Teile der katholischen Kirche Ordensfrauen entweder kaum wahrnehmen oder ihr mitunter sehr tatkräftiges Wirken als unpassend empfinden, wie etwa in den USA geschehen, bestärkt Franziskus Schwestern und Nonnen und fordert ihre Talente heraus. »Wir müssen Ordensfrauen auch die Rolle der geistlichen Leitung geben, von der viele glauben, sie sei allein den Priestern vorbehalten.«*

## Ordensfrauen: Frauen in Spannung

Das ist eure Berufung: Ihr seid Frauen »in Spannung«. Ausgespannt zwischen dieser Haltung, den Herrn zu suchen und sich im Herrn zu verbergen, und diesem Ruf, ein Zeichen zu sein. Die Klostermauern reichen nicht aus, um dieses Zeichen zu geben. Ein Fehler ist es, nichts hören, nichts sehen zu wollen. »Pater, dürfen die Nachrichten ins Kloster gelangen?« Das müssen sie sogar! Aber nicht die Nachrichten der sogenannten »Klatschpresse«, sondern die Nachrichten darüber, was auf der Welt passiert, die Nachrichten beispielsweise über Kriege, Krankheiten, das Leid der Menschen. Darum dürft ihr auch eines nie vernachlässigen: die Zeit, den Menschen zuzuhören! Auch in den Stunden der Kontemplation, der Stille ... Einige Klöster haben einen Anrufbeantworter, und die Leute rufen an, haben das ein oder andere Gebetsanliegen: Diese Verbindung zur Welt ist wichtig! Zu wissen, was geschieht. Denn eure Berufung ist keine Flucht; sie bedeutet, dass man sich aufs Schlachtfeld wagt. Sie ist ein Kampf und bedeutet, dass man für diese Stadt ans Herz des Herrn rührt. Es ist wie mit Moses, der die Hände im Gebet gen Himmel hob, während das Volk kämpfte (vgl. Ex 17,8–13).

*Das Lächeln der Nonnen öffnet das Herz!*
Viele Gnaden kommen vom Herrn in dieser Spannung zwischen verborgenem Leben, Gebet und dem Hören der Nachrichten der Menschen. Dabei werden euch die Umsicht, das Urteilsvermögen, erkennen lassen, wie viel Zeit ihr dem einen, wie viel dem anderen widmen müsst. Es gibt auch Klöster, die eine halbe, eine ganze Stunde am Tag damit zubringen, all jenen, die zu ihnen kommen, zu essen zu geben; und das ist kein Widerspruch zur Verborgenheit in Gott. Es ist ein Dienst; ein Lächeln. Das Lächeln der Nonnen öffnet das Herz! Das Lächeln der Nonnen ist für jene, die kommen, eine bessere Nahrung als das Brot! Diese Woche bist du an der Reihe, eine halbe Stunde lang Essen an die Armen auszugeben, die auch nur um ein Stück Brot bitten. Die eine macht dies, die andere das: Diese Woche bist du an der Reihe, die Bedürftigen anzulächeln! Vergesst das nicht. Einer Ordensschwester, die kein Lächeln hat, fehlt etwas. Im Kloster gibt es Probleme, Kämpfe – wie in jeder Familie –, kleine Kämpfe, Eifersüchteleien, das eine oder das andere ... Und das lässt uns das Leid der Menschen in den Familien verstehen, die Kämpfe in den Familien. Wenn Mann und Frau streiten, wenn es Eifersüchteleien gibt; wenn Familien auseinanderbrechen ... Wenn auch ihr euch dieser Art Prüfung stellen müsst – diese Dinge gibt es immer – und fühlt, dass das nicht der Weg ist,

dann bietet sie dem Herrn an, indem ihr einen Weg des Friedens sucht, im Kloster, damit der Herr in den Familien, unter den Menschen, Frieden schaffen möge.

»Sagen Sie mir, Vater, wir lesen oft, dass es in der Welt, in der Stadt, Korruption gibt; kann es auch in den Klöstern Korruption geben?« Ja, wenn man vergisst, das Gedächtnis zu bewahren. Das Gedächtnis! Das Gedächtnis der Berufung, der ersten Begegnung mit Gott, des Charismas, das für die Gründung unseres Klosters ausschlaggebend war. Wenn man dieses Gedächtnis verliert und die Seele weltlich zu werden beginnt, weltliche Dinge denkt, dann verliert man diesen Eifer für das Fürbittgebet in den Anliegen der Menschen. Du hast ein schönes Wort gesagt, ein wunderschönes Wort: »Das Kloster ist präsent in der Stadt, Gott ist in der Stadt, und wir vernehmen den Lärm der Stadt.« Dieser Lärm, der ein Lärm des Lebens ist, der Lärm der Probleme, der Lärm der vielen Menschen, die zur Arbeit gehen, von der Arbeit nach Hause kommen, die diese Dinge denken, die lieben …; all dieser Lärm muss uns dazu antreiben, mit Gott zu ringen, mit demselben Mut, den Mose hatte! Denk daran, wie traurig Mose war, als das Volk den falschen Weg eingeschlagen hatte. Da riss dem Herrn der Geduldsfaden, und er sagte zu Mose: »Ich werde dieses Volk zerstören! Aber mach dir keine Sorgen, dich werde ich an die Spitze eines anderen Volkes stellen.« Und was hat Mose dazu gesagt? Was hat er gesagt? »Nein! Wenn du dieses Volk zerstörst, zerstörst du auch mich!« (vgl. Ex 32,9–14). Dieses Band, das dich mit deinem Volk verbindet, ist die Stadt: »Das ist meine Stadt, mein Volk. Das sind meine Brüder und Schwestern.« Das bedeutet, sein Leben für das Volk zu geben. In diesem delikaten Gleichgewicht, in dieser delikaten Spannung, liegt all das.

*Eure Freude zu sehen, das Versprechen der Fürbitte,*
*das tut den Menschen gut*
Ich weiß nicht, wie das bei euch Augustinerinnen der »Santi Quattro Coronati« gehandhabt wird: Habt ihr die Möglichkeit, jemanden im Sprechzimmer zu empfangen? Wie viele Sprechgitter habt ihr? Vier oder fünf? Oder gibt es kein Sprechgitter mehr? Es stimmt, dass man sich zu der einen oder anderen Unvorsichtigkeit hinreißen lassen kann; dazu, viel Zeit mit Sprechen zuzubringen – die hl. Thérèse hat sich oft dazu geäußert –, aber eure Freude zu sehen, das Versprechen des Gebets, der Fürbitte, das tut den Menschen so gut! Und wenn ihr eine halbe Stunde geplaudert habt, dann kehrt wieder zum Herrn zurück. Das ist sehr, sehr wichtig! Weil die Klausur stets dieser menschlichen Verbindung bedarf.

*Die Weihe von Ordensfrauen hat eine bräutliche*
*Dimension*
Sie haben eine schöne Frage gestellt: »Ist die eheliche Liebe dieselbe wie die Liebe im geweihten Leben?« Hat sie diese Qualität des Ausharrens, der Treue, der Einheit des Herzens? Gibt es Verpflichtungen und Herausforderungen? Das ist der Grund, warum sich Ordensfrauen als Bräute Christi bezeichnen. Sie vermählen sich mit dem Herrn. Ich hatte einen Onkel, dessen Tochter Nonne wurde, und er sagte: »Ich bin jetzt der Schwiegervater des Herrn! Meine Tochter hat sich mit dem Herrn vermählt.« Die Weihe von Ordensfrauen hat eine bräutliche Dimension. Und das gilt auch für die Weihe von Männern: Vom Bischof sagt man, er sei »Bräutigam der Kirche«, weil er an Jesu Stelle steht, dem Bräutigam der Kirche. Aber diese weibliche Dimension – ich hole hier etwas aus, komme dann aber wieder auf die Frage zurück – bei den Frauen ist sehr wichtig.

Die Ordensschwestern sind das Sinnbild der Kirche und der Muttergottes. Vergessen wir nicht, dass die Kirche weiblich ist: Es heißt nicht der Kirche, sondern die Kirche. Und deshalb ist die Kirche auch Braut Jesu. Das vergessen wir oft; und wir vergessen diese mütterliche Liebe der Ordensfrau – denn die Liebe der Kirche ist mütterlich. Die Treue, Ausdruck der Liebe einer Ordensfrau, muss die Treue, Liebe und Zärtlichkeit der Mutter Kirche und der Mutter Maria widerspiegeln – aber nicht als Pflicht, sondern weil es sozusagen etwas »Angeborenes« ist. Eine Frau, die für ihre Weihe nicht diesen Weg einschlägt, macht letztlich einen Fehler. Die Mütterlichkeit der Ordensfrauen! Immer daran denken: wie mütterlich Maria ist und wie mütterlich die Kirche ist.

Und du hast gefragt: Wie können die einen den anderen den Weg erhellen, die einen für die anderen, und dem Reich entgegengehen? Die Liebe Marias und die Liebe der Kirche ist eine konkrete Liebe! Die Konkretheit ist das Merkmal dieser Mütterlichkeit der Frauen, der Ordensfrauen. Konkrete Liebe. Wenn eine Ordensschwester anfängt, Ideen zu haben, viel zu viele Ideen … Was hat die heilige Teresa getan? Welchen Rat hat die heilige Teresa, die große Teresa, der Oberin gegeben? »Sorg dafür, dass sie etwas zu essen hat, und dann reden wir weiter.« Bring sie auf den Boden der Tatsachen zurück. Die Konkretheit der Liebe ist etwas sehr Schwieriges!

*Wenn du eine Wahrheit loswerden musst, sag sie ins Gesicht, aber mit Liebe*
Und das gilt umso mehr, wenn man in Gemeinschaft lebt, weil wir alle die Probleme der Gemeinschaft kennen: die Eifersüchteleien, das Getratsche; dass diese Oberin das, die andere jenes ist … Diese Dinge sind konkret, aber sie sind nicht gut! Die

Konkretheit der Güte, der Liebe, die alles vergibt! Wenn es eine Wahrheit gibt, die du loswerden musst, dann sag sie dem anderen ins Gesicht, aber mit Liebe. Bete, bevor du dem anderen Vorwürfe machst, und dann bitte den Herrn, dass er ihn korrigiert. Das ist konkrete Liebe! Eine Ordensschwester kann sich keine Liebe erlauben, die von Illusionen lebt; nein, die Liebe ist konkret. Und wie ist die Konkretheit der Ordensfrau? Wie ist sie? Du kannst sie in zwei Evangelientexten finden. In den Seligpreisungen: Sie sagen dir, was du tun musst. Jesus, das Programm Jesu, ist konkret. Ich denke oft, dass die Seligpreisungen die erste Enzyklika der Kirche sind. Das stimmt, denn dort findet man das ganze Programm. Und die Konkretheit findest du im »Protokoll«, nach dem wir dereinst alle gerichtet werden: Matthäus 25.

Genau darin liegt die Konkretheit der Ordensfrau. Mit diesen beiden Textstellen kannst du das ganze geweihte Leben leben; mit diesen beiden Regeln, diesen beiden konkreten Dingen, indem man diese konkreten Dinge tut. Und indem du diese konkreten Dinge tust, kannst du auch eine hohe Stufe, ein hohes Maß an Heiligkeit und Gebet erreichen. Aber es braucht Konkretheit: Die Liebe ist konkret! Und die Liebe von euch Frauen ist eine konkrete mütterliche Liebe. Eine Mutter spricht nie schlecht von ihren Kindern. Wenn du also Nonne bist, im Kloster oder in einer Laien-Gemeinschaft, hast du sozusagen die »Weihe zur Mutter« empfangen, und dann ist es nicht in Ordnung, schlecht von den anderen Schwestern zu reden! Nein. Man muss sie immer entschuldigen, immer!

*Eine Mutter, die schlecht von ihren Kindern spricht,*
*ist keine Mutter*
Wie schön ist doch die Textstelle in der Autobiografie der heiligen Thérèse vom Kinde Jesus über diese Schwester, die sie hasste.

Und was tat Thérèse? Sie lächelte und ließ sich nicht beirren. Ein Lächeln der Liebe. Und was machte sie, als sie diese Schwester begleiten musste, die immer grantig war, weil sie mit beiden Beinen hinkte, weil sie krank war, die Arme: Was tat sie? Sie tat ihr Bestes! Sie stützte sie beim Gehen, schnitt sogar das Brot für sie ab; half ihr, wo sie nur konnte. Aber sie kritisierte sie nie hinter ihrem Rücken! Das zerstört die Mütterlichkeit. Eine Mutter, die kritisiert, die schlecht von ihren Kinder spricht, ist keine Mutter! Ich glaube, dass man im Italienischen »matrigna« (Stiefmutter) dazu sagt … Das ist keine Mutter. Ich sage dir Folgendes: Die Liebe – und du siehst, dass sie auch ehelich ist, es ist dieselbe Form, die Form der Mütterlichkeit in der Kirche – ist die Konkretheit. Die Konkretheit. Ich empfehle euch folgende Übung: oft die Seligpreisungen und oft Matthäus 25 zu lesen, das »Protokoll« des Jüngsten Gerichts. Das tut der Konkretheit des Evangeliums so gut!

*Ordensfrauen in der geistlichen Führung: »Kein Charisma, das Priestern vorbehalten ist«*
In der anderen Diözese, die ich hatte, habe ich den Schwestern, die zu mir kamen, immer folgenden Rat gegeben: »Sag mir, gibt es in deiner Gemeinschaft, in deiner Kongregation nicht irgendeine Schwester, die besonders weise ist, die das Charisma gut lebt, eine gute Schwester mit Erfahrung? Lass dich von ihr geistlich führen!« – »Aber sie ist doch eine Frau!« – »Aber es ist ein Laiencharisma!« Die geistliche Führung ist kein Charisma, das nur den Priestern vorbehalten ist: Sie ist ein Laiencharisma! Im frühen Mönchstum waren die Laien die großen geistlichen Führer. Ich lese zurzeit die Lehre zum Gehorsam des hl. Silvanus, jenes Mönches vom Berg Athos. Er war Tischler, arbeitete als Tischler, dann als Verwalter, aber er war nicht einmal Diakon; er war ein

großer geistlicher Leiter! Es ist ein Laiencharisma. Und wenn die Oberen sehen, dass ein Mann oder eine Frau in dieser Kongregation, in dieser Provinz, dieses Charisma eines geistlichen Vaters hat, dann müssen sie versuchen, ihm zu helfen, an sich zu arbeiten, um diesen Dienst zu leisten. Das ist nicht einfach. Ein geistlicher Leiter ist eine Sache, ein Beichtvater eine andere. Zum Beichtvater gehe ich, sage ihm meine Sünden und hör mir die Strafpredigt an; dann vergibt er mir, und die Sache ist erledigt.

Dem geistlichen Leiter aber muss ich sagen, was in meinem Herzen vorgeht. Die Gewissenserforschung für die Beichte und die für die geistliche Leitung sind nicht ein und dasselbe. Für die Beichte musst du sehen, wo du gefehlt hast, ob du die Geduld verloren hast; ob du dich zur Habgier hast hinreißen lassen: zu diesen Dingen, diesen konkreten Dingen, die sündig sind. Doch für die geistliche Führung musst du prüfen, was in deinem Herzen geschehen ist; was deine Seele antreibt, ob du betrübt bist, getröstet wurdest, ob du müde bist, warum du traurig bist: Das sind die Dinge, über die man mit dem geistlichen Leiter oder der geistlichen Leiterin spricht. Das sind die Dinge.

*Die Oberen sollen prüfen, wer das Charisma der geistigen Führung hat*

Die Oberen haben die Verantwortung, zu sehen, wer in der Gemeinschaft, in der Kongregation, in der Provinz dieses Charisma hat und ihm oder ihr dann diese Sendung zu übertragen, sie auszubilden und ihnen dabei zu helfen. Andere auf ihrem Weg zu begleiten heißt, Schritt für Schritt mit dem geweihten Bruder oder der geweihten Schwester zu gehen. Ich glaube, dass wir darin noch immer unreif sind. Darin sind wir nicht gereift, weil die geistliche Führung aus dem Urteilsvermögen kommt. Wenn du es aber mit Ordensmännern oder -frauen zu tun hast, die nicht genug Urteilsvermögen haben, um zu erkennen, was in ihrem Herzen vorgeht, wie man eine Entscheidung abwägt, dann fehlt es ihnen an geistlicher Führung. Denn das ist etwas, das nur ein weiser Mann, eine weise Frau tun kann. Aber er oder sie muss auch gut ausgebildet sein! Der gute Wille allein reicht heute nicht mehr aus: Die heutige Welt ist zu komplex, und auch die menschlichen Wissenschaften helfen uns, ohne in den Psychologismus abzugleiten, aber sie helfen uns, den Weg zu sehen.

*Das geweihte Leben hat zu 80 Prozent ein weibliches Gesicht*
Man muss diese Männer und Frauen mit der Lektüre der großen spirituellen Leiter und Leiterinnen ausbilden, vor allem des Mönchstums. Ich weiß nicht, ob ihr mit den Werken des frühen Mönchstums vertraut seid: Wie viel Weisheit geistlicher Führung findet man dort! Es ist wichtig, dass sie damit ausgebildet werden. Wie kann man diesen Reichtum entdecken? Das geweihte Leben hat zu 80 Prozent ein weibliches Gesicht: Das stimmt. Es gibt mehr Ordensfrauen als Ordensmänner.

Wie kann man die Präsenz der Frau, vor allem der Ordensfrau, in der Kirche aufwerten? Ich wiederhole mich ein bisschen in dem, was ich euch sagen will: Wir müssen der Ordensfrau auch diese Rolle geben, von der viele glauben, sie sei allein den Priestern vorbehalten. Und das bedeutet auch, dem Umstand Konkretheit zu verleihen, dass die Ordensfrau das Gesicht der Mutter Kirche, das Gesicht Mariens ist; also diesen Aspekt der Mütterlichkeit fördern – und Mütterlichkeit ist beileibe nicht nur Kinderkriegen! Mütterlichkeit bedeutet, auf dem Weg des Wachstums zu begleiten; Mütterlichkeit ist, am Bett eines Kranken zu sitzen, sich um das kranke Kind, den kranken Bruder zu kümmern. Es bedeutet, sein Leben damit zuzubringen, Liebe zu schenken; die Liebe der Zärtlichkeit und der Mütterlichkeit. Auf diesem Weg können wir uns der Rolle der Frau in der Kirche am besten nähern.

(Ansprache an Ordensmänner und Ordensfrauen der Diözese Rom, 16. 5. 2015)

## Die Ordensfrau ist Mutter, keine alte Jungfer

Die Gottgeweihte ist Mutter, sie muss Mutter und darf keine »alte Jungfer« sein! Verzeiht mir, wenn ich so rede, aber diese Mutterschaft des geweihten Lebens, diese Fruchtbarkeit ist wichtig! Die Freude über die geistliche Fruchtbarkeit möge euer Dasein beseelen; seid Mütter, gleichsam Bild der Mutter Maria und der Mutter Kirche. Man kann Maria nicht ohne ihre Mutterschaft verstehen, man kann die Kirche nicht ohne ihre Mutterschaft verstehen, und ihr seid das Bild Mariens und der Kirche.

(An die Vollversammlung der Internationalen Vereinigung der Generaloberinnen [U.I.S.G.], 8. 5. 2013

## Zum Tag des geweihten Lebens (2. Februar)

Heute feiern wir das Fest der Darstellung Jesu im Tempel. An diesem Datum wird auch der Tag des geweihten Lebens begangen. Er erinnert daran, wie wichtig für die Kirche all jene sind, die die Berufung angenommen haben, Jesus in größerer Nähe auf dem Weg der evangelischen Räte nachzufolgen.

Die gottgeweihten Personen sind Zeichen Gottes in den verschiedenen Bereichen des Lebens, sie sind Sauerteig für das

Wachstum einer gerechteren und brüderlicheren Gesellschaft, sie sind Prophetie des Teilens mit den Kleinen und Armen. So verstanden und gelebt wird das geweihte Leben für uns sichtbar als das, was es wirklich ist: Es ist ein Geschenk Gottes, ein Geschenk Gottes an die Kirche, ein Geschenk Gottes an sein Volk! Jede geweihte Person ist ein Geschenk für das Gottesvolk, das auf dem Weg ist. Es gibt einen großen Bedarf an diesen Menschen, die den Einsatz für die Verbreitung des Evangeliums, für die christliche Erziehung, für die Liebe zu den Bedürftigsten, für das kontemplative Gebet stärken und erneuern; den Einsatz für die menschliche Bildung, für die geistliche Bildung der Jugend, der Familien; den Einsatz für die Gerechtigkeit und den Frieden in der Menschheitsfamilie.

*Eine Kirche ohne Schwestern: unvorstellbar*
Denken wir doch ein wenig daran, was geschehen würde, wenn es in den Krankenhäusern keine Schwestern gäbe, keine Schwestern in den Missionen, keine Schwestern in den Schulen. Stellt euch doch eine Kirche ohne Schwestern vor! Das kann man sich nicht vorstellen: Sie sind dieses Geschenk, dieser Sauerteig, der das Volk Gottes voranbringt. Großartig sind sie, diese Frauen, die ihr Leben Gott weihen, die die Botschaft Jesu weitertragen.

Die Kirche und die Welt brauchen dieses Zeugnis der Liebe und der Barmherzigkeit Gottes. Die geweihten Personen, die Ordensmänner, die Ordensfrauen sind Zeugnis dafür, dass Gott gut und barmherzig ist. Deshalb ist es notwendig, dankbar die Erfahrungen geweihten Lebens in ihrem Wert herauszustellen und die Kenntnis der verschiedenen Charismen und Spiritualitätsformen zu vertiefen. Man muss darum beten, dass viele junge Menschen »Ja« sagen zum Herrn, der sie beruft, sich ganz ihm zu weihen für einen selbstlosen Dienst an den Brüdern und

Schwestern; das Leben dem Dienst an Gott und an den Brüdern zu weihen.

Aus all diesen Gründen wird, wie bereits angekündigt, das kommende Jahr auf besondere Weise dem geweihten Leben gewidmet sein. Bereits jetzt wollen wir diese Initiative der Fürsprache der Jungfrau Maria und des heiligen Josef empfehlen, die als Eltern Jesu die Ersten gewesen sind, die von ihm geweiht wurden und die ihr Leben ihm geweiht haben.

(Angelus, 2. 2. 2014)


## Ein spezieller Dank an die Ordensfrauen der USA

In besonderer Weise möchte ich den Ordensfrauen der Vereinigten Staaten meine Bewunderung und meinen Dank ausdrücken. Was wäre die Kirche ohne euch? Starke Frauen, Kämpferinnen – mit diesem mutigen Geist, der sie an die vorderste Front der Verkündigung des Evangeliums stellt. Euch, ihr Ordensfrauen, Schwestern und Mütter dieses Volkes, möchte ich Dank sagen, ein ganz großes »Danke!« …, und euch auch sagen, dass ich euch sehr gern habe.

(Vesper mit Priestern und Ordensleuten in Washington, 24. 9. 2015)

# Persönliche Erinnerungen von Papst Franziskus

*Das Biografische scheint manchmal in öffentlichen Äußerungen von Papst Franziskus durch, dann besonders, wenn er – wie etwa in Interviews – frei erzählt. Persönliche Erinnerungen an konkrete Frauen in seinem Leben lassen bestimmte Akzente in der Lehre von Papst Franziskus besser verstehen, so etwa die Bedeutung der Großeltern und überhaupt der alten Menschen, die kein Papst vor Franziskus auf diese Weise herausgestellt hat.*

## Die Großmutter

»Ich hatte die Gnade, in einer Familie aufzuwachsen, in der der Glaube auf einfache, konkrete Weise gelebt wurde; aber es war vor allem meine Großmutter, die Mutter meines Vaters, die meinen Glaubensweg geprägt hat. Sie war eine Frau, die uns Jesus erklärte, uns von ihm erzählte, uns den Katechismus beibrachte. Ich erinnere mich immer noch, dass sie uns am Karfreitag abends zur Kerzenprozession mitnahm, und am Ende dieser Prozession kam der »liegende Christus«, und die Großmutter ließ uns – uns Kinder – niederknien und sagte zu uns: »Seht, er ist tot, aber morgen wird er auferstehen.« Ich habe die erste christliche Verkündigung ausgerechnet von dieser Frau empfangen, von meiner Großmutter! Das ist so schön! Die erste Verkündigung zu Hause, mit der Familie! Und das lässt mich an die Liebe so vieler Mütter und so vieler Großmütter in der Weitergabe des Glaubens denken. Sie sind es, die den Glauben weitergeben. Das geschah auch in den ersten Zeiten, denn der heilige Paulus sagte zu Timotheus: »Ich erinnere mich an den Glauben deiner Mutter und deiner Großmutter« (vgl. 2 Tim 1,5). Alle Frauen, die hier sind, alle Großmütter, denkt daran: den Glauben weitergeben! Denn Gott stellt uns Menschen an die Seite, die unseren Glaubensweg fördern. Wir finden den Glauben nicht im Abstrakten, nein! Da ist immer ein Mensch, der predigt, der uns sagt, wer Jesus ist; der den Glauben an uns weitergibt, uns die erste Verkündigung bringt. Und so war die erste Glaubenserfahrung, die ich hatte.«

(Pfingstvigil am Petersplatz mit kirchlichen Bewegungen, 18. 5. 2013)

## Die Mutter

Gestattet mir eine Familienerinnerung. Ich erinnere mich, dass meine Mutter über uns – wir waren zu fünft – sagte: »Ich habe fünf Kinder.« Wenn man sie fragte: »Welches ist dein Lieblingskind?«, dann antwortete sie: »Ich habe fünf Kinder, wie fünf Finger. [Er zeigt die Finger der Hand.] Wenn man diesen schlägt, dann tut es mir weh; wenn man diesen anderen schlägt, dann tut es mir weh. Alle fünf tun mir weh. Alle sind meine Kinder, aber alle sind verschieden, wie die Finger einer Hand.« So ist die Familie! Die Kinder sind verschieden, aber alle sind sie Kinder.

(Generalaudienz, 11. 2. 2015)

## Die Lehrerin

Warum ich die Schule liebe? Ich will versuchen, es euch zu erklären. Ich habe da ein Bild vor Augen. Ich habe hier gehört, dass man nicht allein heranwächst und dass es immer ein Blick ist, der dir beim Heranwachsen hilft. Da kommt mir das Bild meiner ersten Lehrerin in den Sinn, dieser Frau, die sich meiner angenommen hat, als ich ein sechsjähriger Bub war, in der ersten Klasse. Ich habe sie nie vergessen. Sie hat mich die Schule lieben gelehrt. Und ich habe sie dann mein Leben lang besucht, bis zu ihrem Tod mit 98 Jahren. Und dieses Bild vor Augen zu haben, das tut mir gut! Ich liebe die Schule, weil diese Frau sie mich lieben gelehrt hat.

(Rede an italienische Schüler und Lehrer, 10. 5. 2014)


## Die Haushaltshilfe

Sehr beeindruckt hat mich eine Frau, die dreimal die Woche zu uns nach Hause kam, um meiner Mama zu helfen, etwa in der Wäscherei. Sie hatte zwei Kinder. Sie waren Italiener, aus Sizilien, und haben den Krieg erlebt, sie waren sehr arm, aber sehr gute Menschen. Und an diese Frau habe ich immer wieder gedacht. Ihre Armut hat einen tiefen Eindruck bei mir hinterlassen. Wir waren selbst nicht reich, wir kamen durch bis zum Monatsende, aber mehr nicht. Ein Auto hatten wir nicht, machten auch keine Ferien oder so etwas. Aber ihr fehlten oft auch wirklich notwendige Dinge. Wir hatten genug, und meine Mama gab ihr Sachen. Sie ist nach Italien zurückgegangen, und später dann wieder nach Buenos Aires. Ich habe sie wiedergefunden, als ich Erzbischof von Buenos Aires war, da war sie schon 90 Jahre alt. Und dann habe ich sie begleitet bis zu ihrem Tod mit 93 Jahren. Eines Tages hat sie mir ein Medaillon des heiligen Herzens Jesu gegeben, das ich noch heute jeden Tag mit mir trage. Dieses

Medaillon – das auch eine Erinnerungsstück ist – tut mir so gut. Wollen Sie es sehen? *[Er zieht das Medaillon mit einiger Mühe hervor und zeigt es seinen Gesprächspartnern: Die Farben sind verblasst durch das jahrelange Tragen.]*

So denke ich jeden Tag an sie und wie viel sie durch ihre Armut ertragen hat. Und ich denke an alle anderen, die gelitten haben. Ich trage das Medaillon und bete damit.

(Interview mit der niederländischen Obdachlosenzeitung »Straatnieuws«, 5. 11. 2015, eigene Übersetzung)

## Das junge Ding

Als Seminarist verzauberte mich ein junges Ding, das ich auf der Hochzeit eines Onkels kennenlernte. Ihre Schönheit, ihre intellektuelle Ausstrahlung überraschten mich ... na ja, ich war eine ganze Zeit lang belämmert, sie ging mir nicht aus dem Kopf. Als ich nach dem Hochzeitsfest ins Seminar zurückkam, konnte ich eine ganze Woche lang nicht beten, denn immer wenn ich es tun wollte, kam mir das Mädchen in den Sinn. Ich musste neu darüber nachdenken, was ich machen wollte. Noch war ich frei, denn ich war ja noch Seminarist, ich konnte also nach Hause zurückgehen, und das war's dann. Ich musste noch einmal über diese Option nachdenken. Wieder wählte ich den geistlichen Weg – oder ließ mich wählen. Es wäre anormal, wenn solche Dinge nicht passieren würden. Wenn es geschieht, muss man wieder neu Stand fassen. Man muss sehen, ob man sich neu entscheidet oder sagt: »Was ich gerade fühle, ist so schön; ich fürchte, dass ich später meiner Verpflichtung nicht treu bin, ich verlasse das Seminar.« Wenn einem Seminaristen so etwas passiert, helfe ich

*Persönliche Erinnerungen von Papst Franziskus*

ihm, in Frieden zu gehen. Er soll lieber ein guter Christ als ein schlechter Priester werden.

(Aus: Jorge Bergoglio / Abraham Skorka, »Über Himmel und Erde«. Jorge Bergoglio im Gespräch mit dem Rabbiner Abraham Skorka. Das persönliche Credo des neuen Papstes, © 2013 Riemann Verlag München in der Verlagsgruppe Random House. Übersetzung: S. Kleemann / M. Strobel)


## Die Atheistin und ihre Tochter

Ich erinnere mich an eine Frau aus einer atheistischen Familie, und auch sie war Atheistin; nicht Agnostikerin, Atheistin. Aber sie war eine gute Frau, eine fleißige Frau, die ihrem Beruf nachging. Sie war verheiratet, hatte Kinder, aber keine Religion. Eine ihrer Töchter begegnete Jesus – oder besser: Sie wurde von Jesus gefunden. Sie bekehrte sich und lebte ein christliches Leben. Und ihre Mutter hat das respektiert: »Es ist deine Entscheidung, mein Kind. Mach weiter so! Ich glaube nicht daran, aber du mach nur weiter.« Jahre vergingen, die Tochter war eine überzeugte Katholikin, eine »militante« Katholikin, können wir sagen – das Wort gefällt mir nicht, aber sagen wir es, damit wir es besser verstehen. Dann erkrankte die Mutter – sie war inzwischen über 80 Jahre alt – schwer. Sie war dem Tode nahe, aber bei klarem Verstand.

Am Tag vor ihrem Tod war die Tochter bei ihr, kümmerte sich um sie. Und da fragte die Mutter: »Sag mal« – das hatte sie noch nie gefragt –, »was empfindest du eigentlich, wenn du betest?« Und die Tochter, die ihre Mutter respektierte, sagte ihr, dass sie mit Gott, mit dem Herrn spräche ... So begann ein Gespräch über dieses Thema, ganz ruhig und entspannt. Dann sprach man über etwas anderes – und kam dann wieder auf dieses Thema zurück ... Am Ende fragte die Mutter: »Bist du denn glücklich mit dem, was du in der Religion gefunden hast?« – »Ja, Mama, weil ich an Jesus glaube, weil ich glaube, dass Jesus uns liebt!« – »Wie gern würde ich das auch empfinden!« Und da nahm sich die Tochter ein Herz und sagte: »Sag mal, Mama, willst du das wirklich?« – »Ja! Aber es ist zu spät ...« – »Das ist es nie, Mama. Willst du, dass ich dich taufe?«; und ihre Mutter sagte: »Ja!« Die Tochter konnte keinen Priester rufen, weil das ihre Mutter verschreckt hätte, und so taufte sie sie eben selbst. Zwei Stunden später fiel die Mutter ins Koma und starb, um Mitternacht. Das sind die Wunder Gottes, die durch die Nähe geschehen, durch den Dienst. Keine Proselytenmacherei! Diese Tochter hat nie Proselytenmacherei betrieben. Ich kannte sie gut; sie ist ja dann auch zu mir gekommen und hat mir erzählt, was sie getan hat. Sie fürchtete, das Falsche getan zu haben. »Nein, du hast das Richtige getan! Du hast deine Mutter ins Paradies kommen lassen!« Aber man muss Geduld haben. Die Proselytenmacherei hat keine Geduld. Die Proselytenmacherei ist nicht geduldig! »Lies das, mach das, komm hierhin, komm dorthin«; sie klopfen an deine Tür ... Nein, nein. Freundschaft. Darum geht es: säen, in Freundschaft. Und dieses In-Freundschaft-Säen ist eine wahre Buße.

(Rede an die Mitglieder der kirchlichen Bewegung »Cursillo«, 30. 4. 2015)

## Das Theologenpaar, das Maria nicht brauchte

Ich erzähle euch eine für mich sehr schmerzhafte Begebenheit. Es muss in den 80er Jahren gewesen sein. In Belgien hatte ich an einer Versammlung teilgenommen und gute Katholiken kennengelernt, fleißige. Ein Ehepaar lud mich zum Abendessen ein. Mehrere Kinder, alle katholisch. Sie waren beide Theologieprofessoren und arbeiteten viel, ja? Und vom vielen Studieren, ich weiß nicht, hatten sie ein wenig Fieber im Kopf. In einem Moment des Gesprächs redeten sie von Jesus. Sehr gut. Wirklich eine sehr gut gemachte Theologie und Christologie. Und am Ende sagen sie: »Nun ja, wir kennen Jesus gut, und so brauchen wir Maria nicht. Deshalb haben wir keine Marienverehrung.« Ich war wie erstarrt. Das heißt, ich wurde traurig, mich hat das echt getroffen. Maria als Mutter, aber ohne Mütterlichkeit. Maria ist Mutter. Zuallererst. Man kann sich Maria unter überhaupt keinem anderen Titel vorstellen denn als »Mutter«.

(Begegnung mit der Schönstatt-Bewegung, 25. 10. 2014, eigene Übersetzung)

# Impulse und Grüße an Frauen

*Der Papst, der selbst zum Telefonhörer greift und Leute anruft, wenn sie ihm einen schönen Brief geschrieben haben: Diese gewissermaßen unpäpstliche Spontaneität blitzt auch in Grüßen auf, wie Franziskus sie impulsiv und mitfühlend formuliert.*

## Segen für Schwangere

Wenn ich bei den Mittwochsaudienzen durch die Reihen fahre, um die Leute zu begrüßen, zeigen viele, viele Frauen auf ihren Bauch und sagen: »Pater, segnen Sie mir das Kind?« Ich biete jetzt allen Frauen, die schwanger sind und die Hoffnung unter ihrem Herzen tragen – denn ein Kind ist eine Hoffnung – etwas an: dass sie in diesem Moment ihren Bauch berühren. Wenn eine hier ist, soll sie es hier tun, oder auch diejenigen, die über Radio oder Fernsehen zuhören. Und ich gebe jeder von ihnen, jedem Jungen oder Mädchen, das dort in ihrem Innern wartet, den Segen. So berühre jede ihren Bauch, und ich gebe ihr den Segen: im Namen des Vaters und des Sohnes und des Heiligen Geistes. Und ich wünsche, dass das kleine Kindlein gesund zur Welt komme, dass es gut wachse, dass es schön ins Leben begleitet werde. Liebkost das Kind, das ihr erwartet!

(Bei der Begegnung mit Familien, Santiago de Cuba, 22. 9. 2015)

## Zum Muttertag

Und, da wir vom Leben reden: Heute wird in vielen Ländern der Muttertag gefeiert: Wir wollen voll Dankbarkeit und Zuneigung aller Mütter gedenken. Jetzt wende ich mich an die Mütter, die hier auf dem Platz sind: Sind da welche? Ja? Sind hier Mütter? Ein Applaus für sie, für die Mütter hier auf dem Platz … Und dieser Applaus soll alle Mütter umarmen, alle unsere lieben Mütter: jene, die leiblich mit uns leben, aber auch jene, die mit uns im Geist leben. Der Herr segne sie alle, und die Gottesmutter, der dieser Monat geweiht ist, behüte sie.

(Regina Coeli, 10. 5. 2015)


## Dank an die Mütter

Liebe Mütter, danke, danke für das, was ihr in der Familie seid, und für das, was ihr der Kirche und der Welt schenkt. Und dir, geliebte Kirche, danke, danke dafür, dass du Mutter bist. Und dir, Maria, Mutter Gottes, danke, dass zu uns Jesus sehen lässt. Und danke allen hier anwesenden Müttern: Wir grüßen sie mit einem Applaus!

(Generalaudienz, 7. 1. 2015)

## Der Gruß an die alte Nonne

Ich möchte noch etwas zu dieser 97 Jahre alten Schwester sagen, die ich begrüßt habe: Sie ist 97 … Dort ist sie, ich kann sie gut sehen. Heben Sie die Hand, damit alle Sie sehen können … Ich habe ein paar Worte mit ihr gewechselt, und sie hat mich mit ihrem klaren Blick angesehen, mit diesem Lächeln, das die Schwestern, die Mütter, die Großmütter haben. In ihr will ich dem Ausharren im geweihten Leben huldigen. Manche glauben, das geweihte Leben sei das Paradies auf Erden. Nein! Das Fegefeuer vielleicht … Aber nicht das Paradies. Es ist nicht leicht, weiterzugehen. Und wenn ich so jemanden sehe, der sein Leben diesem Dienst geweiht hat, dann danke ich dem Herrn. Durch Sie, Schwester, danke ich allen, allen Ordensleuten. Vielen Dank!

(Ansprache an Ordensmänner und Ordensfrauen der Diözese Rom, 16. 5. 2015)

## Tag der Frau: ein Gruß

Heute, am 8. März, ein Gruß an alle Frauen! An alle Frauen, die tagtäglich versuchen, eine menschlichere und einladendere Gesellschaft aufzubauen. Und ein brüderlicher Dank auch an jene, die auf tausenderlei Weisen das Evangelium bezeugen und in der Kirche arbeiten. Und das ist für uns eine Gelegenheit, die Wichtigkeit und die Notwendigkeit ihrer Gegenwart im Leben zu bekräftigen.

Eine Welt, in der die Frauen ausgegrenzt werden, ist eine sterile Welt, denn die Frauen bringen nicht nur das Leben, sondern sie vermitteln uns die Fähigkeit, weiter zu sehen – sie sehen weiter –, sie vermitteln uns die Fähigkeit, die Welt mit anderen Augen zu sehen, die Dinge mit kreativerem, geduldigerem, zärtlicherem Herzen zu spüren. Ein Gebet und einen besonderen Segen für alle hier auf dem Platz anwesenden Frauen und für alle Frauen! Einen Gruß! Allen wünsche ich einen schönen Sonntag. Bitte vergesst nicht, für mich zu beten.

(Angelus, 8. 3. 2015)

## Gedenken an Frauen, Vorbilder im Glauben

Ein Gedenken heute, von uns allen, an diese Frauen, die uns mit ihrer Haltung ein wahres Zeugnis des Glaubens, des Mutes, ein Vorbild des Betens geben. Gedenken wir ihrer!

(Angelus, 20. 10. 2013)